Am Scheideweg

Philip Gorski

Am Scheideweg

Amerikas Christen und die Demokratie vor und nach Trump

Aus dem Amerikanischen übersetzt von
Philip Gorski und Hella Heydorn

HERDER

FREIBURG · BASEL · WIEN

Titel der Originalausgabe:
American Babylon: Christianity and Democracy Before and After Trump
ISBN: 978-0-367-33149-8

© 2020 by Routledge, a member of the Taylor &
Francis Group an Informa business.
All Rights Reserved
Authorised translation from the English language edition published by
Routledge, a member of the Taylor & Francis Group an Informa business.

Für die deutschsprachige Ausgabe:
© Verlag Herder GmbH, Freiburg im Breisgau 2020
Alle Rechte vorbehalten
www.herder.de
Umschlaggestaltung: Verlag Herder
Satz: Barbara Herrmann, Freiburg
Herstellung: GGP Media GmbH, Pößneck
Printed in Germany
ISBN 978-3-451-38890-3

Vorwort

Hans Joas

Für viele Menschen in Deutschland sind die USA, bei aller Bewunderung und Sehnsucht, ein exotisches Land. Das Gefühl, mit einer ganz anderen und schwer verständlichen Kultur konfrontiert zu sein, kommt in Deutschland leicht auf, wenn Religion oder Politik in den USA zum Thema wird. Die bloße Tatsache, dass die USA ein Land großer religiöser Vitalität sind und sich in dieser Hinsicht von den meisten europäischen Ländern gravierend unterscheiden, irritiert all diejenigen, für die Modernisierung selbstverständlich mit Säkularisierung einhergeht. Konkrete Formen des religiösen Lebens in den USA wie die sogenannten Megakirchen, d. h. professionell betriebene riesige Kirchengemeinden mit tausenden, ja zehntausenden von Gottesdienstbesuchern, erscheinen als unvorstellbar. Auch in der Politik der USA kommt den Deutschen vieles fremdartig vor, z. B. die extreme Personalisierung, die sich unter den vielfältigen Konsenszwängen der deutschen Staatsorganisation und im deutschen Parteiensystem nicht herausbilden kann.

Mit Donald Trump hat jemand das höchste Staatsamt der USA übernommen, dessen Inkompetenz und mangelnde persönliche Eignung den meisten Deutschen außer Frage zu stehen scheinen. Deshalb fragen sie sich, ob diese Mängel seinen amerikanischen Anhängern wirklich verborgen bleiben können oder warum sie ihm dennoch die Treue halten. Da nun die Deutschen, vor allem die der alten Bundesrepublik, die US-Amerikaner als Lehrmeister in Sachen Demokratie zu respektieren gelernt haben, was sie Abstand nehmen ließ von Nationalismus und Demagogie, muss sie ein Zustand verwirren, in dem der amerikanische Präsident sich unverhohlen zum Nationalismus bekennt und unverkennbar als Demagoge handelt und spricht.

Die Schwierigkeiten, Religion und Politik in den USA zu verstehen, werden noch gesteigert, wenn beide zusammenkommen. Dies ist bei der Unterstützung evangelikaler Christen für Trump, der doch offensichtlich nicht einer von ihnen ist, der Fall. Gewiss, nicht alle Evangelikalen haben Trump gewählt, und gewiss, nicht alle Trump-Wähler sind evangelikal. Aber es gibt doch eine beträchtliche Schnittmenge. Seriöse Schätzungen sprechen von über 80 % der Evangelikalen, die sich für Trump entschieden haben. Wie kann das sein?

Es ist ein Glücksfall, dass sich einer der führenden amerikanischen Religionssoziologen im vorliegenden Buch dieser Frage zuwendet. Philip Gorski von der Yale University, einer der bedeutendsten Universitäten der USA, ist ein historisch orientierter Sozialwissenschaftler und in seiner wissenschaftlichen Arbeit von zwei zentralen Gestalten der Forschungstradition historischer Religionssoziologie entscheidend geprägt: von Max Weber und von Robert Bellah, Autor u. a. des großen Werks „Religion in Human Evolution", das im Deutschen den Titel „Der Ursprung der Religion" trägt. Bellah war in Berkeley sein wichtigster akademischer Lehrer. In Fachkreisen ist Gorski vor allem durch sein Buch von 2003 zur Rolle des Calvinismus bei der Entstehung des frühneuzeitlichen Staates in den Niederlanden und in Brandenburg-Preußen bekannt („The Disciplinary Revolution", University of Chicago Press). Mit einflussreichen Artikeln und Forschungsüberblicken hat er auch immer wieder auf die Notwendigkeit einer stärkeren Berücksichtigung der Religion in Geschichtsschreibung und Soziologie, etwa bei der Forschung über den Nationalismus, hingewiesen. Wie sein Mentor Bellah wirkt auch Gorski über die Fachgrenzen hinaus. Bellah hatte 1975 unter dem Titel „The Broken Covenant.

American Civil Religion in a Time of Trial" ein aufsehenerregendes zeitdiagnostisches Buch vorgelegt (Seabury Press, New York), und Gorski folgte diesem Vorbild und übertraf es mit „American Covenant", seiner im Jahr 2017 veröffentlichten Geschichte der amerikanischen „Zivilreligion" von den Puritanern bis zur Gegenwart unter Präsident Obama (Princeton University Press). Dieses Buch wurde in den USA weithin diskutiert; selbst die „New York Times" und das „Wall Street Journal" nahmen Notiz davon.

Das neue Buch Gorskis, das wenige Monate nach dem amerikanischen Original in deutscher Übersetzung erscheint, geht über das vorhergehende in zwei Hinsichten hinaus. In seinem ersten Teil untersucht es knapp das Verhältnis von Christentum und Demokratie, aber nicht begrenzt auf die USA, sondern in der Geschichte des Westens insgesamt. Im zweiten Teil stehen die Jahre nach Obamas Amtszeit im Fokus. Während der erste Teil durch seinen Widerstand gegen alle Simplifizierungen überzeugt – weder wird das Christentum zur Quelle der Demokratie noch zur Gefahr für diese erklärt –, stellt der zweite Teil das empirische Wissen über den Wandel und den Erfolg eines konservativen Protestantismus zusammen und entwickelt daraus ein differenziertes Erklärungsmodell zur Entstehung eines neuartigen „weißen christlichen Nationalismus" in den USA. Soziologische Ursachen wie die größere Kinderzahl konservativer christlicher Familien und ihre überlegene Fähigkeit, ihre Kinder in der Religionsgemeinschaft zu halten, oder das Wachstum der Megakirchen mit ihrer Vernachlässigung kirchengemeindlicher Mitbestimmung spielen dabei ebenso eine Rolle wie theologische Veränderungen und die Selbstsäkularisierung des liberalen Protestantismus. Aus der so entstandenen Lage und den Gefahren eines christlichen Nationalismus heraus führen für Gorski nur die Bemühungen zum Widerstand gegen politisch-autoritäre Tendenzen, wie sie sich vor allem bei jüngeren Evangelikalen auch finden, und eine Bereitschaft säkular-progressiver Kräfte, mit nicht-weißen Evangelikalen ohne antireligiöse Vorurteile zusammenzuarbeiten. Für die Verteidigung westlicher Demokratie gegen eine Gefahr, die ihr von innen droht, ist dies eine überzeugende Perspektive. So anders die Lage in Deutschland ist, gilt doch auch hier, dass keiner der Sache der Demokratie einen Dienst erweist, der meint, zwischen Gläubigen und Säkularen verlaufe eine politische Front. Die politischen Fronten in Sachen Demokratie verlaufen oft quer zu den religiösen.

Inhalt

EINLEITUNG
Amerikanisches Babylon?

Dies ist kein Buch über Donald Trump. Er ist manchmal der Fokus, nicht aber das Thema. Vielmehr ist das Thema die komplexe Beziehung zwischen Christentum und Demokratie – in ihrer Vergangenheit, Gegenwart und Zukunft – im Westen und mit besonderer Berücksichtigung der USA. Diese Beziehung war folgenreich lange vor Trumps Amtsantritt, und sie wird es auch bleiben lange nach seinem Ausscheiden aus dem Amt.

Für einen Großteil der amerikanischen Geschichte war es eine komplementäre Beziehung, denn in den Vereinigten Staaten gingen Demokratie und Christentum schon lange Hand in Hand. Aber die Wahl von Donald Trump und die Rolle weißer Evangelikaler bei seinem Sieg provozieren die Frage, ob sich die Wege des amerikanischen Christentums und der amerikanischen Demokratie nun trennen. Leider muss diese Frage bejaht werden, zumindest in diesem Moment. Das Ziel dieses Buches ist es zu zeigen, wie und warum die Wege auseinandergingen, und gleichzeitig eine Debatte anzuregen, was zu tun wäre, um die beiden wieder in Einklang zu bringen, soweit dies noch möglich ist, und zwar sowohl in Bezug auf konservative Christen als auch auf säkulare Progressive und alles, was dazwischenliegt.

Manche europäischen Denker haben behauptet, dass Christentum und Demokratie grundsätzlich unvereinbar sind. Das zeitgenössische Publikum fragt sich vielleicht, ob sie nicht schon immer Recht hatten. Diese Frage wird in Kapitel 1 aufgegriffen. Dort wird ein kurzer Überblick über die Entwicklung der westlichen Demokratie gegeben und die Affinitäten und Spannungen zwischen Demokratie und

Christentum werden reflektiert. Einige wichtige Schlussfolgerungen zeichnen sich ab: Eine bestimmte Art von protestantischem Christentum ist mit der liberalen Demokratie recht gut vereinbar. Eine andere lautet, dass der Protestantismus sich nicht ohne weiteres mit der Sozialdemokratie verbinden lässt (obwohl der Konflikt vermeidbar wäre). Es gibt andere Formen des Christentums, einschließlich protestantischen, die die Hauptziele der Sozialdemokratie – namentlich größere soziale Gleichheit und wirtschaftliche Gerechtigkeit – stärker teilen.

Im Gegensatz zu ihren tendenziell säkularen europäischen Kollegen sind viele amerikanische politische Denker schon immer der Meinung gewesen, dass die Demokratie in hohem Maße mit dem Christentum vereinbar ist, womöglich sogar in einzigartiger Weise unter allen Weltreligionen. Haben sie Recht? Kapitel 2 bietet eine Teilantwort auf diese Frage. Hier werden zwei gegensätzliche politische Strömungen innerhalb des jüdisch-christlichen Denkens verfolgt und in einer langfristigen, historischen Perspektive ausgearbeitet. Die Analyse beginnt in der Antike und geht bis in die Moderne. In jedem Stadium, so wird gezeigt, gab es neben proto-demokratischen Strömungen innerhalb des westlichen Christentums auch anti-demokratische. Eine wichtige Schlussfolgerung lässt sich ziehen: Man darf nicht überrascht sein, wenn sich derzeit einige konservative Christen zu autoritären Politikern hingezogen fühlen. Während des größten Teils seiner Geschichte konnte das westliche Christentum sehr gut mit autoritären Regimen koexistieren. Dennoch lässt sich nicht behaupten, dass das Christentum von Natur aus antidemokratisch sei. Viele protestantische und katholische Denker haben im Laufe der Geschichte robuste Argumente für die liberale und soziale Demokratie entwickelt. „Demokratische politische Theologie" muss kein Widerspruch in sich sein.

Der große französische Soziologe Alexis de Tocqueville wäre jedoch von der sich abzeichnenden autoritären Wende innerhalb des amerikanischen Christentums sehr überrascht gewesen. Sicherlich standen schon zu Tocquevilles Zeit Christentum und Demokratie im nachrevolutionären Frankreich sehr oft in hartem Widerspruch zueinander[1]. In den Vereinigten Staaten kamen sie aber sehr gut miteinander aus – und das auch schon vor der Amerikanischen Revolution[2]. Tun sie das auch heute noch? In Kapitel 3 werden Tocquevilles Argumente neu ausgewertet. Das Endergebnis: Einige seiner Behauptungen müssen zwar relativiert werden, aber seine Beobachtungen und Interpretationen waren im Großen und Ganzen korrekt. Langfristige Veränderungen haben den amerikanischen Protestantismus jedoch schleichend in eine zunehmend autoritäre Richtung gedrängt.

Im heutigen Amerika ist „Evangelikalismus" praktisch gleichbedeutend mit „Konservatismus", und die „christliche Rechte" wird in einem Atemzug mit der „Republikanischen Partei" genannt. In manchen Kreisen wird der Eindruck erweckt, dass dies schon immer so war. Haben sie Recht? In Kapitel 4 wird das Rad der Geschichte um ein Jahrhundert zurückgedreht. Dabei zeigt sich, dass es vor allem in den amerikanischen Südstaaten viele theologische Konservative gab, die auch progressive Demokraten waren, und dass vor allem im amerikanischen Nordosten viele theologische Liberale auch konservative Republikaner waren. Grund für diese Umpolung und Neumischung in den folgenden fünfzig Jahren waren wohl eher wirtschaftliche Interessen, Parteipolitik und Rassenbeziehungen als theologische Streitigkeiten über die Bibelauslegung. Heute wird das Verhältnis zwischen Religion, Partei und Politik wieder flüssiger. Wie die neuen Regeln der politischen Chemie im 21. Jahrhundert in den Vereinigten Staaten aussehen werden, ist zunächst noch eine offene Frage.

Ob religiöse Konservative wirklich noch als politische Konservative zu bezeichnen sind oder schon eher als Rechtsradikale, ist im Moment allerdings nicht so klar. In Trumps Amerika hat der Evangelikalismus zu einer Art Autoritarismus geführt. Ein Grund dafür ist die empfundene Bedrohung einiger Evangelikaler: Sie sind der Überzeugung, dass sie „den Kulturkampf verloren haben", dass die amerikanische Linke ihr Todfeind ist und dass sie als Christen heute „die am meisten verfolgte Gruppe in Amerika" sind. In dieser Wahrnehmung scheint es existentiell, einem schlagbereiten und kompromisslosen „Beschützer" zu folgen, jemandem, der „der Linken" laut und kräftig entgegentritt. Manche Evangelikale vermuten, dass Trump tatsächlich von Gott gesandt wurde.[3] Einige wollen in Trump gar eine moderne Reinkarnation von Kyrus dem Großen sehen, dem persischen König, der 538 v. Chr. die Babylonier besiegte und die jüdischen Exilanten aus ihrer Babylonischen Gefangenschaft befreite. Diese (Wahn-)Vorstellung beruht auf dem Gefühl, dass auch sie aus „ihrem" Heimatland, den Vereinigten Staaten, und „ihrer" Hauptstadt, Washington, D. C., verbannt wurden und dass Gott Trump benützt, um ihnen „ihr" Land zurückzugeben.

Im fünften und letzten Kapitel wird schließlich gezeigt, dass diese Verlust- und Bedrohungsgefühle – die für Außenstehende so aberwitzig erscheinen müssen – in einem bestimmten Geschichtsnarrativ verwurzelt sind, welches die USA als „weiße christliche Nation" darstellt. In diesem Kapitel wird gezeigt, wie Trump sich dieses Narrativ zu Nutze gemacht hat und geschickt auf die tiefsten Ängste vieler Evangelikaler anspielte und sich so ihre Herzen eroberte. Die zwei zentralen Befunde sind: 1) Der Trumpismus ist unter anderem eine säkularisierte Version des weißen christlichen Nationalismus; und 2) Trumps eifrigste evangelikale Unterstüt-

14

zer sind in Wirklichkeit mehr nationalistisch als christlich gesinnt. Diese Schlussfolgerungen ziehen unweigerlich zwei Fragen nach sich: Ob und wann werden Trumps weniger begeisterte Anhänger den weißen christlichen Nationalismus als häretische Perversion anprangern? Oder werden sie sich von den falschen Prophezeiungen gegenwärtiger und zukünftiger Trumps verführen lassen?

Dieses Buch ist keine statistische Analyse der Trump-Wählerschaft (wobei sich Kapitel 5 sehr stark auf solche Analysen stützt). Die Absicht dieses Buches ist es, eine langfristige historische Perspektive anzubieten, besonders da der Evangelikalismus von seinen amerikanischen Anhängern gewissermaßen als eine Religion ohne Geschichte verstanden wird. Dies ist nicht in dem Sinne zu verstehen, dass der amerikanische Evangelikalismus von Historikern vernachlässigt wurde, sondern vielmehr in dem Sinne, dass amerikanische Evangelikale sich gerne vorstellen, dass ihre Überzeugungen keine Historie haben – und nicht gänzlich zu Unrecht: Der moderne Evangelikalismus wuchs aus der fundamentalistischen Reaktion gegen den theologischen Historismus des frühen 20. Jahrhunderts hervor.

Sollte dieses Buch einige evangelikal-christliche Leser finden – und das hoffe ich sehr –, dann wird es vielleicht einigen von ihnen helfen zu erkennen, dass Evangelikalismus nicht gleichbedeutend mit Konservatismus sein muss, oder zumindest nicht in dem Sinne, wie dieser Begriff im Laufe des letzten halben Jahrhunderts der amerikanischen Geschichte verstanden wurde.

Sollte dieses Buch auch einige säkular-progressive Leser finden – und das hoffe ich auch sehr –, dann wird es ihnen vielleicht helfen zu erkennen, dass der Evangelikalismus nicht immer gegen den Progressivismus arbeitete, und dass der Progressivismus nicht immer in Opposition zur Religion stand. In der Tat ist die Demokratie, wie die meisten Progressiven sie heute verstehen, tief und dauerhaft vom Christentum geprägt worden – ebenso wie viele progressive Werte selbst, einschließlich der Idee des Fortschritts (wie in Kapitel 4 zu sehen sein wird). In der Tat wurden progressive Werte zum Teil aus einer Art liberalprotestantischer Herablassung gegenüber „minderwertigen" Rassen, Klassen und Religionen geboren, von der sich die säkularen Progressiven bis heute noch nicht vollständig erholt haben. Die nur dürftig verschleierte Herablassung der Klasse der modernen amerikanischen Meritokraten und Technokraten gegenüber den „Bedauernswerten" des „Fly-over-Landes" ist auch ein Katalysator für den heutigen Kulturkampf in den USA.

Die fünf Hauptkapitel dieses Buches lassen sich als freistehende Essays lesen. Sie bauen zwar aufeinander auf, können aber auch einzeln gelesen werden. Leser, die ausschließlich daran interessiert sind, die weiße evangelikale Unterstützung für Trump zu verstehen, können direkt zu Kapitel 5 blättern. Leser, die sich dafür interessieren, wie und warum sich weiße Evangelikale zu wirtschafts-, militär- und familienfreundlichen Konservativen entwickelt haben, finden in Kapitel 4 einige Antworten. Diejenigen, die neugierig darauf sind, die autoritäre Tendenz des amerikanischen Evangelikalismus zu verstehen, sollten sich auf Kapitel 3 konzentrieren. Wer sich für die Geschichte der Demokratie und des Christentums und deren Zusammenspiel interessiert, sollte sich an die Kapitel 1 und 2 halten. Diese Kapitel werden aber auch für diejenigen von Bedeutung sein, die sich für die Zukunft der Demokratie und des Christentums interessieren, da hier viele Institutionen und Ideen behandelt werden, die seither in Vergessenheit geraten sind, jetzt aber wiederbelebt werden könnten.

TEIL I
Wahlverwandtschaften: Christentum und Demokratie in der westlichen Geschichte

KAPITEL 1
Ist Demokratie christlich?

Prolog: „Wahlverwandtschaften"

Wenn es um die Analyse komplexer Beziehungen geht bietet sich kaum ein Werk mehr an als Johann Wolfgang von Goethes 1809 erschienener Roman „Wahlverwandtschaften". Da erzählt Goethe bekanntlich die Geschichte von Edward und Charlotte, einem jungen Adelspaar, das friedlich auf seinem Landgut zusammenlebt, bis Edward seinen alten Freund Otto einlädt, einige Zeit auf dem Anwesen zu verbringen. Charlotte lädt Ottilie dazu. Die vier diskutieren in den folgenden Monaten unzählige Stunden über die verschiedenen Arten chemischer und romantischer Attraktionen und Affinitäten. Mehr oder weniger Naturgesetzen folgend verliebt sich Charlotte in Otto; Edward verliebt sich unterdessen in Ottilie. Nach verschiedenen, zum Teil tragischen, Wendungen – Ottilie verhungert und Edward stirbt an einer mysteriösen Krankheit – finden Charlotte und Otto schließlich gemeinsames Glück.

„Wahlverwandtschaften" – Goethe hat diesen Ausdruck nicht selbst erfunden, sondern aus der Chemie entliehen, wo er Reaktionen beschreibt, bei denen zwei Verbindungen sich zu einer neuen Substanz zusammentun. In Goethes Roman wird die „neue Substanz" durch die starke Anziehungskraft zwischen Charlotte und Otto gebildet. Die Verbindung zwischen Edward und Ottilie erweist sich hingegen als zu schwach, um stabil zu sein, und beide „fallen" aus der Erzählung heraus.

Ein Jahrhundert später bindet der große deutsche Soziologe Max Weber das Konzept der Wahlverwandtschaft in die

Sozialwissenschaften ein. Er beschrieb damit das komplexe Verhältnis zwischen „der protestantischen Ethik" und dem „Geist des Kapitalismus".[1] Der erfolgreiche Kapitalist findet in der protestantischen Ethik eine religiöse Legitimation für seinen Geschäftserfolg. Und der gläubige Protestant findet in seinem geschäftlichen Erfolg ein weltliches Zeichen seiner religiösen Erlösung. Dabei wird „universelle Brüderlichkeit" als christliches Ideal der protestantischen Ethik eliminiert und „bequemer Überfluss" als anstrebenswertes Ziel des modernen Kapitalismus ausgeschaltet. Zurück bleiben nur „Fachmenschen ohne Geist, Genußmenschen ohne Herz", die Streber und Hedonisten, die die moderne kapitalistische Wirtschaft vorantreiben.

Weber benutzte das Konzept der Wahlverwandtschaften, um die komplexe, historische Beziehung zwischen Christentum und Kapitalismus zu beschreiben. Im Folgenden wird es verwendet, um die komplexe historische Beziehung zwischen Christentum und Demokratie zu analysieren.

Christliche Ethik und demokratische Politik

Wenn Sozialwissenschaftler über kausale Zusammenhänge nachdenken, stellen sie sich oft kleine harte Teilchen vor, die miteinander kollidieren, wie eine Spielkugel, die auf einem Billardtisch auf ihr(e) Ziel(e) trifft. Dies ist nicht das zutreffendste Bild, um den Zeitablauf des Verhältnisses zwischen Christentum und Demokratie zu beschreiben. Diese Beziehung ist vielmehr eine wiederholte, fortlaufende Interaktion, es geht dabei nicht um individuelle punktuelle Kollisionen. Darüber hinaus ist es eine Interaktion zwischen zwei komplexen, sozialen Strukturen. Hinzu kommt, dass die beiden Strukturen dadurch nicht unverändert bleiben. Es ist daher angemessener, über die historische Interaktion von Christentum und Demokratie in Form von Wahlverwandtschaften statt nach der Art des Billardspiels nachzudenken.

Die Komplexität dieser Beziehung lässt sich in diesem Zusammenhang nicht erschöpfend schildern. Sie soll stattdessen in einigen wichtigen Episoden vorgeführt werden. In diesem Kapitel geschieht dies aus der Perspektive der Entwicklung der Demokratie. Es werden vier verschiedene Arten von Demokratien unterschieden, die sich im Laufe der Geschichte entwickelt haben. Abschließend werden Überlegungen angestellt, welche Arten von Demokratie mit welchen Arten von Christentum vereinbar sind, d. h. welche zu welcher in Wahlverwandtschaft stehen. Im folgenden Kapitel wird der Spieß dann umgedreht: Welche Arten von Christentum haben sich als kompatibel mit der Demokratie – und welche mit dem Autoritarismus – erwiesen?

Die vier Schichten der westlichen Demokratie

Westliche Beobachter waren lange der Idee verhaftet, dass die Demokratie im Westen einmalig sei. Aus dieser Sicht wurde die Demokratie in Griechenland geboren, sie reifte dann in Rom heran, wurde in der Renaissance wiedergeboren, triumphierte im Zeitalter der Revolution und breitete sich dann auf die restliche Welt aus.[2] Es stimmt natürlich, dass die alten Griechen den Begriff „Demokratie" geprägt haben. Volksversammlungen, öffentliche Debatten, Rechtsstaatlichkeit und Gewaltenteilung sind jedoch keineswegs dem Westen eigentümlich. Wir dürfen also die Geschichte der westlichen Demokratie nicht mit der Geschichte der Demokratie als solcher gleichsetzen. Was folgt, ist also ausdrücklich eine Analyse der *westlichen* Demokratie.

21

Wir müssen uns auch vor einem weiteren Fehler hüten: Wir dürfen die Geschichte der demokratischen Institutionen nicht mit der Geschichte des Begriffs „Demokratie" gleichsetzen. Viele der Institutionen, die wir heute mit diesem Begriff verbinden (z. B. Wahl- und Menschenrechte), hatten ursprünglich andere Bezeichnungen (z. B. „republikanisch", „konstitutionell", „liberal" oder „sozialistisch"). Wir sollten auch nicht den umgekehrten Fehler begehen und Demokratie anhand bestimmter Institutionen definieren. Ideen und Institutionen entwickeln sich zusammen. Einige der Institutionen, die wir heute mit der Demokratie in Verbindung bringen, sind relativ neu. Schriftliche Verfassungen und individuelle Rechte sind dafür gute Beispiele. Umgekehrt sind einige der Institutionen, die für frühere Demokratien typisch waren, längst vergessen – z. B. Volkstribune und öffentliche Verbannung. Eine statische Definition von Demokratie, die für alle Zeiten und Orte gilt, ist nicht möglich.

Im Folgenden soll das Wort „Demokratie" auf einen *sich entwickelnden Komplex von Ideen und Institutionen* hinweisen, *die auf kollektive Selbstverwaltung ausgerichtet sind*. Es werden vier Phasen der Demokratisierung unterscheiden: die republikanische, die repräsentative, die liberale und die sozialdemokratische. Die republikanische Demokratie entstand zuerst in den Stadtstaaten des antiken Griechenland. Die repräsentative Demokratie entstand zunächst in der römischen Kirche und dann in den Territorialstaaten des Mittelalters. Die liberale Demokratie entstand aus den großen Revolutionen des 17. und 18. Jahrhunderts – der englischen und niederländischen, dann der amerikanischen und französischen. Und die Sozialdemokratie schließlich entstand aus der großen Mobilisierung der Arbeiterklasse im 19. und frühen 20. Jahrhundert.

Republikanische Demokratie

Wenn wir an die Stadtrepubliken des antiken Griechenland denken, erinnern wir uns in der Moderne meist an Athen und Sparta. Tatsächlich gab es aber zu jenem Zeitpunkt etwa 1.000 griechische *Poleis*. Sie variierten sehr stark in ihrer Größe und „Verfassung" – also ihrer gesellschaftlichen Struktur und ihren politischen Institutionen.[3] (Es gab zu diesem Zeitpunkt keine *schriftlichen* Verfassungen im modernen Sinne.) Aristoteles' Abhandlung über „die Athener Verfassung" – wohl die erste wissenschaftliche Arbeit der vergleichenden Politikwissenschaft – untersuchte systematisch mehrere hundert solcher „Verfassungen".[4]

So variabel die *Poleis* auch waren, wiesen sie doch auch gewisse Gemeinsamkeiten auf, die sie von den umgebenden Staaten der Antike unterschieden. Zunächst waren sie relativ klein. Selbst auf ihrem Höhepunkt hatte Athen, die bevölkerungsreichste der *Poleis*, nur etwa 200–300.000 Einwohner, wovon nur etwa 40–50.000 als Bürger galten. Die *Poleis* waren auch stark urbanisiert und kommerzialisiert. Im Gegensatz dazu waren die großen Landimperien des Alten Orients zumeist agrarische Gesellschaften, die sich um große Hauptstädte herum konzentrierten.[5] Aus all diesen Gründen wird die republikanische Demokratie oft als „bürgerlicher Republikanismus" (engl.: *civic republicanism*) bezeichnet, denn es war eine Form der Demokratie, die zuerst im städtischen Boden, genauer gesagt im städtischen Küstenboden, Wurzeln schlug.

Wenn man in der Zeit zurückreisen und eine *Polis* besichtigen würde, würde man sich ihr höchstwahrscheinlich auf dem Seeweg nähern. Wäre es eine größere Stadt, würde sich in der Nähe des Hafens ein *Emporion* befinden, ein Markt unter freiem Himmel, wo Waren aus Übersee feilgeboten würden. Nachdem man die Stadtmauer – die Steinmauern, die fast jede Polis vor Angriffen schützten – überwunden hätte, wäre die nächste Station wahrscheinlich die Agora, der Marktplatz, auf dem alltägliche Waren aus dem Hinterland der Stadt zum Verkauf angeboten wurden, auf dem die Bewohner zum Informationsaustausch zusammenkamen und auf dem sich die Bürger in einer Versammlung (ekklesia) trafen, um zu beraten, zu streiten und Gesetze zu erlassen. Die täglichen Angelegenheiten der Stadt wurden gewöhnlich einem oder mehreren kleineren Räten anvertraut. Ihre Mitglieder konnten durch Wahl oder andere heute nicht mehr geläufige Mittel ausgewählt werden, wie z. B. durch Losziehung oder Rotation. In großen und wohlhabenden Städten trafen sich diese Räte in einem besonderen, oft verzierten Sitzungssaal (bouleterion) für ihre täglichen Beratungen. Anschließend würde man vielleicht den Tempel der Stadt aufsuchen, der einem oder mehreren ihrer Götter gewidmet ist. Einige Städte hatten auch Orakel, in denen die Götter konsultiert werden konnten. Delphi war nur das berühmteste. Auf dem Weg dorthin würde man durch sorgfältig angelegte Straßen zwischen gleich großen Grundstücken und bescheidenen Wohnhäusern schreiten, und jenseits der Stadtmauer einen nahegelegenen Hügel erklimmen. Von dort aus könnte man das Hinterland der Stadt mit seinen kleinen Bauernhöfen und Dörfern sowie die Frauen und Sklaven, die für die Arbeit in diesen Betrieben verantwortlich waren, betrachten. An einem schönen Tag könnte man vielleicht sogar das gesamte Gebiet der Polis überblicken, denn die meisten Poleis waren klein, ihre Grenzen in einem Tag zu Fuß zu erreichen. Aber die Zivilisation, zu der die Poleis gehörten, war groß und erstreckte sich weit über die Ägäis und das griechische Festland hinaus bis an alle Ufer des Mittelmeers und bis an die Grenzen des Nahen Ostens.

Die Stadtstaaten haben Wurzeln geschlagen in drei Regionen der kleinen Halbinsel der eurasischen Landmasse, die wir heute „Westeuropa" nennen: entlang der nördlichen und südlichen Meeresküste und entlang der Nord-Süd-Achse, die entlang des Rheins und durch die Alpen verläuft.[6] In kultureller Hinsicht können wir diese drei geographischen Regionen in vier oder fünf große Gruppierungen von Stadtstaaten unterscheiden: die Hafenstädte der Ost- und Nordsee, die später die Hanse bilden werden; die Handelsstädte des Rheindeltas, die als „die Niederlande" und später und umgangssprachlich als „Holland" bekannt werden sollten; die Flusseinzugsgebiete weiter den Rhein hinauf und entlang seiner verschiedenen Nebenflüsse, die in den Territorien der französischen Könige und deutschen Kaiser gedeihen sollten; die Bergdörfer, die sich zu Schweizer „Kantonen" organisieren sollten; und schließlich die Handels- und Produktionsstädte, die sich in den Tälern und Vororten des heutigen „Norditaliens" bildeten.

Würde ein Bürger einer altgriechischen *Polis* in ihrer Blütezeit in eine dieser Regionen gebracht – etwa nach Venedig im 15. Jahrhundert oder nach Amsterdam im 17. Jahrhundert –, würde er dort sicherlich einige Dinge vorfinden, die ihm merkwürdig erschienen – einen Gott statt vieler zum Beispiel, und Gebäude aus Backstein statt aus Stein. Aber er – man erinnere sich: Es gab damals keine Bürgerinnen – würde auch vieles finden, was ihm vertraut wäre: Aufgeräumte Häfen, Stadtmauern, Marktplätze, Volksversammlungen, Regierungsräte, Bürgermilizen, große Kirchen umgeben von Ackerland, um einige der wichtigsten Ähnlichkeiten zu nennen. Selbst ein moderner Tourist mit gut geschultem Auge kann in diesen Städten immer noch die Überreste der republikanischen Demokratie sehen: Die vergoldeten Rathäuser, die bröckelnden Stadtmauern, die alten

Versammlungssäle der Kaufmannsgilden und Bürgermilizen sowie die Lagerhäuser für ihre Waffen und Waren. Diese Ähnlichkeiten waren kein Zufall. Die führenden Bürger dieser frühneuzeitlichen Stadtstaaten waren oft auch „Renaissance-Humanisten", die sich in Griechisch und Latein auskannten, in antiker Geschichte und Philosophie geschult waren und darauf bedacht waren, den Ruhm der Antike für sich in Anspruch zu nehmen. Dies ist ein Grund, warum einige Wissenschaftler die republikanische Demokratie in dieser Zeit als „bürgerlichen Humanismus" (engl.: *civic humanism*) bezeichnen.[7]

Würde derselbe griechische Staatsbürger seine Zeitreise ins späte 18. Jahrhundert fortsetzen, würde er viele bekannte Wörter hören, wenn auch in unbekannten Sprachen, wie Englisch, Niederländisch und Französisch und natürlich Latein. Denn die großen Revolutionen dieser Ära stützten sich stark auf die republikanischen Denker der Antike, insbesondere auf die römischen.[8] Unter den revolutionären Schriftstellern der 1770er und 1780er Jahre wurde viel republikanisches Vokabular verwendet, wie „bürgerliche Tugend" und „konstitutionelles Gleichgewicht". Auch in den Verfassungen der neuen revolutionären Ära fanden sich viele Anklänge an republikanische Institutionen. Mit ihrem mächtigen Präsidentenamt und ihren Ober- und Unterhäusern war die US-Verfassung beispielsweise als „gemischte Verfassung" konzipiert, die Elemente der Monarchie, Aristokratie und Demokratie miteinander verschmolz. Dies war auch kein Zufall. Die Gründerväter hatten ihren Cicero gelesen, einige auch ihren Platon. Einer – der zukünftige Präsident John Adams – hatte sogar eine große Geschichte republikanischer Institutionen geschrieben.[9] Die Vereinigten Staaten sollten also eine Republik sein, keine Demokratie. Tatsächlich kam der Ausdruck „amerikanische Demokratie" erst in den

1820er Jahren allgemein in Umlauf und wurde erst in den 1920er Jahren dominant. Davor war „Amerikanische Republik" der bevorzugte Ausdruck, und „Demokratie" war eher noch ein Schimpfwort.

Eine wichtige Station auf unserer Wirbelwind-Tour durch die republikanische Geschichte haben wir übersprungen: das alte Rom. Für die bürgerlichen Republikaner späterer Epochen, einschließlich der Gründer der amerikanischen Republik, diente die römische Geschichte oft als warnendes Beispiel.[10] In ihrer Jugend erinnerte das Verfassungssystem der Römischen Republik stark an seine griechischen Vettern.[11] Aber als sie wuchs, verkümmerte die Republik. Die territoriale Ausdehnung war die Hauptursache: Die meisten Bürger konnten sich immer weniger an der Regierung beteiligen, weil Rom zu weit entfernt war; es wurde immer profitabler, die öffentliche Politik für private Zwecke zu manipulieren, weil die Beute der Eroberungen stetig wuchs; und weil sie den Militärkommandanten, die die Grenzen Roms ausbauten und verteidigten, immer mehr Macht verlieh. Entrechtung, Korruption und Militarismus gehörten zu den unheilvollsten Folgen der Expansion, die Rom schließlich auf den Weg von der Demokratie zur Diktatur führten. Aus diesen und anderen Gründen kamen republikanische Theoretiker späterer Epochen wie Montesquieu zu dem Schluss, dass eine republikanische Verfassung nur in kleinen Staaten wirklich Bestand haben könne.[12] Die amerikanischen Gründerväter überlegten sich verschiedene Lösungen für diese Probleme: staatsbürgerliche Erziehung als Gegenmittel zur Korruption, ein Verbot stehender Armeen als Absicherung gegen Militarismus und ein System der politischen Repräsentation als Mittel zur Überwindung der Entrechtung.

Das eurozentrische Narrativ der Demokratisierung wird oft mit einem anglozentrischen Narrativ der Repräsentation gepaart, das die Wurzeln der repräsentativen Demokratie auf die mittelalterlichen Kämpfen zwischen der englischen Krone und dem englischen Parlament zurückführt.[13] Es ist eine Geschichte in drei Akten. Sie beginnt mit der Magna Charta, der „großen Charta", die 1215 von König Johann besiegelt wurde. Diese Charta setzte die Macht der Krone über die der Kirche und gewährte dem Adel gewisse Rechte. Sie etablierte den königlichen Rat, der sich langsam zum englischen Parlament entwickeln sollte. Sie überlebte den englischen Bürgerkrieg (1642–1651) und die „Glorreiche Revolution" (1688), und führte schließlich zu einer konstitutionellen Monarchie und einem rudimentären Rechtekatalog. Die Geschichte spitzt sich zu mit der Amerikanischen Revolution, die die königliche Macht völlig abschaffte und zur ersten schriftlichen Verfassung und zu einem Katalog mit explizit aufgelisteten Bürgerrechten führte. Jedoch ist dieses Narrativ nicht nur selbstgefällig, sondern auch zutiefst verworren. Es verwechselt die Ursprünge der liberalen Demokratie, in der England in der Tat eine wichtige Rolle spielte, mit der Geschichte der repräsentativen Demokratie, in der es nur ein Akteur unter vielen war. Denn repräsentative Institutionen waren bereits im Spätmittelalter zu einem festen Bestandteil der institutionellen Landschaft geworden, und dies nicht nur in England.[14]

Die Politik dieser Zeit unterschied sich deutlich von der Antike, aber auch von der Moderne. Es gab noch einige unabhängige Stadtstaaten, die an den Küsten der drei großen Meere und an den Ufern der großen Flüsse lagen. Sie erinnerten an die antiken *Poleis*. Aber es begannen sich größere

Territorialstaaten herauszubilden. Einige werden schließlich zu den deutlich voneinander abgegrenzten Nationalstaaten von heute heranwachsen; andere werden gänzlich von der politischen Landkarte verschwinden, vereinnahmt von größeren und mächtigeren Rivalen. Aber man würde die politische Landkarte der Vormoderne nicht in der gleichen Weise zeichnen wie diejenige der Moderne: Die Grenzen waren verschwommen, die Gerichtsbarkeiten überschnitten sich, und die Souveräne konkurrierten miteinander.[15] Staaten basierten nicht auf Nationen, sondern auf Dynastien, auf adeligen Linien, die erbliche Ansprüche auf Ländereien und deren Bewohner hatten und beide als Eigentum behandelten. Diese adeligen Familien waren zudem durch Blutsbande, Ehe und Kultur miteinander verbunden. Genauso wie eine superreiche Familie von heute mehrere über den Globus verteilte Unternehmen ansammeln kann, konnte eine dynastische Linie mehrere über Europa verstreute Gebiete in ihre Herrschaft ziehen.[16] Und so wie diese Unternehmen durch Ereignisse wie Geburt, Heirat und Tod oder durch Intrigen, Fusionen und feindliche Übernahmen den Besitzer wechseln können, konnte ein Staat durch die Demografie, Schicksal und Krieg drastisch umgestaltet werden.

Natürlich waren die Adeligen nicht die einzigen gesellschaftlichen Akteure dieser Zeit, und formell gesehen waren sie nicht einmal die führenden. Im offiziellen Sprachgebrauch war der Adel nur der „zweite Stand", der erste Stand war der katholische Klerus. Beide Stände erstreckten sich über den gesamten Kontinent. Der Klerus war allerdings stark vom Schutz des Adels abhängig. Der dritte Stand war das Bürgertum. An einigen Orten – zum Beispiel in Skandinavien und der Schweiz – wurde das Bürgertum unterteilt in Bürger und Bauern, so dass vier statt drei Stände im Staat vertreten waren. (Drei war der Normalfall.)

Die typische „Staatsverfassung" im vormodernen Europa war das, was Verfassungshistoriker später als *Ständestaat* bezeichnen würden.[17] Der Ständestaat hatte zwei Hauptelemente: ein dynastisches Oberhaupt und eine repräsentative Versammlung, einen „Landtag", der die verschiedenen Stände umfasste. Die ständischen Beziehungen waren in der Regel das Ergebnis von historischen Konflikten und Kompromissen.

Ein großer Rundgang durch die repräsentativen Versammlungen Westeuropas um das Jahr 1500 hätte durchaus im Palast von Westminster, dem Sitz des englischen Parlaments, beginnen können. Weitere wichtige Stationen wären die Generalstände der Niederlande und auch Frankreichs sowie die zahlreichen provinziellen und regionalen Landtage gewesen. Von dort aus könnte die Reise an die verschiedenen deutschen Landtage sowie den Reichstag weitergehen und über Ostmitteleuropa, nach Ungarn und Polen, die besonders mächtige Parlamente hatten, bis hinauf nach Skandinavien.

Die Macht dieser Versammlungen gegenüber den Staatsoberhäuptern war sehr unterschiedlich und auch heftig umstritten, wobei jede Seite versuchte, ihre Befugnisse und Vorrechte auf Kosten der anderen zu erweitern.[18] Einige Versammlungen trafen sich regelmäßig und aus eigenem Recht. Einige wenige wählten sogar ihren eigenen König. Der polnische *Sejm* – eine der mächtigsten Versammlungen in Europa – trat zweimal jährlich zusammen. Sie wählte auch den polnischen Monarchen, der zwar auf Lebenszeit diente, aber seinen Nachfolger nicht auswählen durfte. Die meisten Versammlungen mussten hingegen von einem König einberufen werden, der auch ein Erbmonarch war. Es überrascht vielleicht nicht, dass solche Vorladungen oft mit Bitten – oder Forderungen – nach Abgaben oder Steuern einhergingen. Der übliche Grund für solche Anfragen waren Kriegsausgaben. Solche Anfragen haben häufig Widerstand hervorgerufen und gar Aufstände ausgelöst. Im Jahr 1789 beispielsweise berief der König von Frankreich zum ersten Mal seit über 150 Jahren die Generalstände ein, in der Hoffnung, eine sich vertiefende Finanzkrise, die durch die französische Hilfe für die amerikanischen Revolutionäre verschärft wurde, in den Griff zu bekommen. Bekannterweise schaukelten sich die anschließenden Auseinandersetzungen rapide zur Revolution hoch. Dies war kein isoliertes Beispiel. Parlamentarische Steuerstreitigkeiten waren auch wichtige Katalysatoren für den niederländischen Aufstand gegen Spanien und den englischen Bürgerkrieg.[19] Der Schlachtruf der Amerikanischen Revolution – „No taxation without representation" – spiegelt diesen alten Kampf wider.

Die von den amerikanischen Gründervätern entworfene Staatsverfassung entstand nicht *ex nihilo*, sondern hatte zahlreiche Vorläufer. Ähnlich dem englischen Parlament war der amerikanische Kongress in ein Ober- und Unterhaus aufgeteilt. Bis zur Verabschiedung des 17. Amendments im Jahr 1911 wurden die Mitglieder des Oberhauses – des US-Senats – indirekt von den Landtagen der jeweiligen Bundesstaaten gewählt. Jedes Land wählte zwei Senatoren, unabhängig von der Bevölkerungszahl. Die Mitglieder des Unterhauses (*House of Representatives*) wurden direkt vom Volk gewählt. Außerdem wurde der US-Präsident in einem System, das der polnischen Wahlmonarchie nicht unähnlich ist, auch indirekt gewählt, und zwar durch Delegationen von staatlichen „Wahlmännern", die wiederum durch Volksabstimmungen innerhalb jedes Bundeslandes gewählt wurden. Das Ergebnis war eine „gemischte Verfassung",[20] also eine Mischung aus Demokratie (Haus), Aristokratie (Senat) und Monarchie (Präsidentschaft).

Über das Thema Repräsentation ist viel diskutiert worden.[21] Es ist nicht notwendig, diese Debatten hier zu resümieren. In diesem Zusammenhang genügt es, zwei wesentliche Unterscheidungen zu beachten. Die erste ist die zwischen der republikanischen und der repräsentativen Version der Demokratie. Die republikanische Demokratie war eine Form direkter Demokratie. Die Bürger konnten sich in einer Versammlung präsentieren (oder auch nicht), aber sie konnten sich nicht von einer Drittperson vertreten lassen. Die repräsentative Demokratie entstand und entwickelte sich in größeren Staaten, in denen direkte Repräsentation schwierig oder unmöglich war, in politischen Landschaften wie den Vereinigten Staaten und, wie im nächsten Kapitel zu sehen sein wird, in der katholischen Kirche.

Die zweite Unterscheidung betrifft die Frage, was, wer und wie im Parlament vertreten wird. Zunächst kann man unterscheiden zwischen Systemen, die ein bestimmtes Territorium repräsentieren (z. B. die Generalstände der Niederlande), und Systemen, die bestimmte Bevölkerungen repräsentieren (z. B. die Generalstände Frankreichs). In Bezug auf das Letztere könnten wir weiter unterscheiden zwischen Systemen, die bestimmte Gruppen („Stände") repräsentieren (wie in einem reinen Dreikammer-System), und solchen, die territorial definierte Aggregate repräsentieren (z. B. wie im englischen Unterhaus). In Wirklichkeit sind mehrere Prinzipien in einem Verfassungssystem am Werk. Zusammenfassend bedeutete die Entwicklung der repräsentativen Institutionen also eine zweifache Veränderung: weg von der direkten Demokratie und der Gruppenvertretung und hin zum Prinzip der territorialen Aggregation.

Das Aufkommen der repräsentativen Demokratie brachte auch eine Veränderung des Charakters der Staatsbürgerschaft mit sich – auch des Grundverständnisses der Freiheit. In den republikanischen Demokratien war die Staatsbürgerschaft zugleich sehr begrenzt, aber auch sehr verpflichtend. Nur wenige waren Bürger, aber von ihnen wurde viel erwartet: aktive Teilnahme an Debatten und Diskussionen, persönliches Erscheinen bei Versammlungen und Abstimmungen, vielleicht auch Staats- oder Militärdienst. Das republikanische Freiheits-Verständnis war ebenfalls sehr facettenreich.[22] Zunächst einmal hieß „frei sein" kein Sklave sein (Frauen waren übrigens auch nicht frei). Damit einher ging, dass man sein eigener Herr war, der idealerweise seine eigenen Leidenschaften und Begierden kontrollieren konnte und alles Handeln der Vernunft unterwarf. Freiheit bedeutete auch, gemeinsam mit anderen Bürgern zu regieren, sich in öffentlichen Angelegenheiten zu engagieren, und schließlich die Herrschaft über andere auszuüben. ‚Andere' waren hier nicht nur die „natürlichen Untergebenen" im Haushalt, sondern ggf. auch Ebenbürtige, wenn man in ein Amt berufen wurde. Wie die modernen Liberalen später erkennen werden, ist eine solche „Freiheit" für die meisten Bürger in der modernen Gesellschaft nicht ohne weiteres praktizierbar.[23] Deshalb schlugen die liberalen Denker der anbrechenden Moderne auch eine andere Version von Freiheit vor, eine „liberale Freiheit" mit einer neuen Institution, die Autonomie garantieren soll: individuelle Rechte.[24]

Liberale Demokratie

Wie die republikanische Demokratie und die repräsentative Demokratie war die liberale Demokratie ein Komplex von Institutionen und Ideen, der über einen langen Zeitraum hinweg entstand. Die wichtigsten Institutionen waren die Individualrechte und die schriftlichen Verfassungen. Die Kerngedanken waren der Naturzustand und der Gesellschaftsvertrag. Und die entscheidende Zeit war die von Mitte des 17. bis Mitte des 19. Jahrhunderts.

Man findet natürlich auch vor dieser Zeit philosophische Diskussionen über Rechte. Diese Diskussionen waren aber rein theoretisch.[25] In der vorliberalen Ära wird eher über „Privilegien" geredet. Ein „Privileg" zu beanspruchen bedeutete, sich auf ein „Privatrecht" zu berufen, das einen vom „öffentlichen Recht" ausnimmt. Solche Ansprüche konnten persönlicher Natur sein, z. B. wenn ein Adliger „Privilegien" auf seinem Hof geltend machte. Dort war *er* das Gesetz. Auch eine Genossenschaft konnte Privilegien behaupten. Auf diese Weise konnte eine mittelalterliche Stadt, eine Gilde oder ein Kloster das „Privileg" beanspruchen, ihre eigenen Mitglieder zu besteuern, auszubilden oder zu verwalten.[26] Und auf diese Weise beanspruchte eine Person, eine Gruppe oder eine Institution, ausgenommen zu sein von einigen oder allen „öffentlichen Gesetzen", die von ihrem Feudalherren eingeführt wurden.

Die Theorie der individuellen Rechte, wie wir sie heute verstehen, war eine Erfindung der frühen Neuzeit. Sie wurde von Denkern wie Hobbes und Locke entwickelt, die die Rechte in einem „Naturzustand" begründeten, der angeblich vor der Bildung eines jeglichen Gemeinwesens lag. Dies stellte einen radikalen Bruch mit dem republikanischen Politikverständnis dar. Die Idee, dass es in einem vorgesellschaftlichen Naturzustand Gesetze oder Rechte geben könnte, wäre in der klassischen Antike schlicht unvorstellbar gewesen. Für republikanische Denker wie Aristoteles bedeutete das Leben im „Naturzustand" außerhalb einer Stadt schlichtweg, wie ein „wildes Tier" zu leben.[27] Nur die Bürger einer *Polis* erfüllten ihren natürlichen Zweck (*telos*).

Während die Individualrechte im 17. Jahrhundert theoretisch bedacht wurden, wurden sie erst im Laufe der großen Revolutionen des 18. Jahrhunderts institutionalisiert – in Amerika, Frankreich und auch den Niederlanden. Bürgerrechtserklärungen wurden zuerst in Virginia, dann in den USA insgesamt und kurz darauf auch in Frankreich und den Niederlanden veröffentlicht. In der nicht enden wollenden vormodernen Schlacht zwischen repräsentativen Versammlungen und Erbmonarchen war das Kampfwort traditionell „Privilegien" gewesen. Nun war es „Rechte".

Die Entwicklung der Individualrechte setzte sich während des gesamten 19. Jahrhunderts und natürlich bis weit ins 20. Jahrhundert hinein fort. Wie in der republikanischen Staatsbürgerschaft waren die Individualrechte ursprünglich auf freie, eigentumsbesitzende Männer beschränkt. Sklaven, Frauen und Kinder blieben der patriarchalen Herrschaft von Eigentümern, Ehemännern und Hausvätern unterworfen. Massive soziale Bewegungen – Abolitionismus, Feminismus, Bürgerrechts- und Jugendbewegungen – waren notwendig, um dies zu verändern.

Die Erweiterung der Rechte ging einher mit einer Erweiterung der Individualität. In der republikanischen und repräsentativen Phase war Individualität mit Männlichkeit, Eigentum und Rationalität verbunden.[28] So wie sich das Wort „Tugend" (*virtus*) von der Wurzel „vir" (Mann) ableitet, wurden auch die bürgerlichen Tugenden von (angeblich) männlichen Tugenden (z. B. Mut und Kühnheit) abgeleitet.[29] Die Fähigkeit zur Freiheit war indessen an das Eigentum gebunden, das in der Regel auf Männer beschränkt blieb. Die Fähigkeit zur Vernunft wurde auch für männerspezifisch gehalten – gemeint waren freie, eigentumsbesitzende Männer.

Der Begriff der Verfassung hat eine noch längere Vorgeschichte als die Idee der Rechte. Wenn man mit „Verfassung" die gegebene Organisation einer politischen Gemeinschaft meint, dann sind Verfassungen so alt wie Staaten. Wenn mit „Verfassung" die Institutionen eines demokratischen Gemeinwesens gemeint sind, dann sind die westlichen

Verfassungen nur so alt wie die griechischen *Poleis*, die Aristoteles zuerst untersuchte. Aber wenn man mit Verfassung ein schriftliches Regelwerk für eine politische Gemeinschaft meint, dann sind die ersten Beispiele in der westlichen Geschichte wohl die Mönchsorden aus dem Mittelalter. Wenn man jedoch mit Verfassung eine Liste von Rechten und Privilegien meint, die der Autorität eines Herrschers Grenzen setzt, dann könnte man auf die Magna Charta und andere mittelalterliche Chartas zurückgreifen. Wenn man jedoch mit Verfassung ein Dokument meint, das die Grundwerte eines demokratischen Gemeinwesens umreißt und die Rechte seiner Bürgerinnen und Bürger festlegt, dann muss man auf die revolutionären Verfassungen der Neuzeit schauen. Wenn wir heute von Verfassungen sprechen, meinen wir natürlich all diese Dinge: die Gründungscharta eines demokratischen Staates, die ein schriftliches Verzeichnis der Grundwerte, die Architektur politischer Institutionen und eine lange Liste von individuellen Rechte, die dieser Staat garantiert, enthält. Schriftliche Verfassungen in diesem dreifachen Sinne sind ein Produkt des späten 18. Jahrhunderts.

Wenn das späte 18. Jahrhundert ein entscheidender Wendepunkt in der Institutionalisierung des liberalen Konstitutionalismus ist, dann markiert das späte 17. Jahrhundert einen ähnlichen Wendepunkt in der Theorie des liberalen Konstitutionalismus. Die entscheidende konzeptionelle Neuerung ist die Idee des „Sozialvertrags", ein Abkommen, das von einer Gruppe von Personen geschlossen wird, die sich in einem vorgesellschaftlichen „Naturzustand" befinden, um eine Regierung zu errichten, die ihre individuellen Rechte schützt. Früheren „Verfassungen" fehlten einige oder alle dieser Merkmale. Wie die meisten dieser „Verfassungen" wurde auch die Magna Charta von verschiedenen Gruppen oder Ständen (z. B. Klerus und Adel) unter Ausschluss anderer (z. B. Bürgerlicher) im Rahmen eines bestehenden Gemeinwesens (dem Königreich England) zur Wahrung ihrer korporativen Privilegien oder kollektiven Rechte abgeschlossen. Außerdem beriefen sich solche Verfassungen in der Regel auf göttliche Autorität oder religiöses Recht. Im Gegensatz dazu beanspruchten liberale Verfassungen, neue Regierungen zu begründen, die auf der Zustimmung von Rechte-tragenden Individuen basierten, ohne übernatürliche Sanktionen.

Heute neigen wir dazu, so von Liberalismus und Demokratie zu denken, als wären sie an der Hüfte verbundene siamesische Zwillinge. Der Begriff „liberale Demokratie" geht uns leicht über die Lippen. Aber Liberalismus und Demokratie gehörten nicht von vornherein zusammen. Der Liberalismus war natürlich immer gegen die Aristokratie, aber die meisten frühen Liberalen teilten das alte republikanische Misstrauen gegenüber der „Demokratie" als gleichbedeutend mit „Massenherrschaft". (Einige zeitgenössische Liberale und Technokraten tun dies immer noch.) Zudem waren sie eher meritokratisch als egalitär gesinnt. Zu sagen, dass die Freiheit nicht nur für Aristokraten ist, heißt noch lange nicht, dass sie für alle gilt. Ursprünglich war der Liberalismus mit dem Elitismus verbunden.[30] Marx' Kritik am Liberalismus als „bürgerliche Ideologie" war nicht ganz falsch, zumindest nicht zu der Zeit, als er sie geäußert nat. Aber sie wurde immer weniger plausibel, insofern der Liberalismus sich in eine immer egalitärere Richtung entwickelte, oder besser gesagt, sich in mehrere Ströme aufteilte.[31] Denn einige vertraten eine so weitreichende Auffassung von Freiheit, dass sie wenig Platz ließ für Gleichheit.[32] Demgegenüber versuchten andere, beides miteinander zu einem Ausgleich zu bringen. Und wieder andere argumentierten, dass ein gewisses Maß an Gleichheit eine Voraussetzung für die Freiheit sei.[33] Diese letztere Strömung des Liberalismus floss also direkt in den Sozialismus.

Sozialdemokratie

Die herkömmliche Erklärung für die Entstehung der Sozialdemokratie ist eine marxistisch angehauchte, die grob so aus-
sieht: Der Aufstieg des industriellen Kapitalismus zu Beginn
des 19. Jahrhunderts führte zur Bildung der Arbeiterklasse,
dann zur Entstehung der Arbeiterbewegung und schließlich
zur Etablierung sozialistischer Parteien.[34] Der erste Schritt
in der sozialistischen Revolution gemäß dem *Kommunisti-
schen Manifest* war der Sturz der Bourgeoisie, gefolgt von einer „Diktatur des Proletariats", die eine „Vergesellschaftung
der Produktionsmittel" durchführen sollte. Die sozialistischen Parteien spalteten sich später in zwei Lager auf, einerseits in kommunistische Parteien, die diese ursprüngliche
Vision weiterverfolgten, und andererseits in sozialdemokratische Parteien, die sich von Revolution und Diktatur lossag-
ten und wirtschaftliche Reformen mit demokratischen und
parlamentarischen Mitteln verfolgten. Das Endergebnis dieser sozialdemokratischen Bemühungen waren der Wohlfahrtsstaat und die soziale Marktwirtschaft.

Dies ist eine partielle Darstellung im doppelten Sinne
des Wortes. Sie ist empirisch insofern partiell, als sie die
Rolle nicht-sozialistischer Bewegungen und Parteien bei der
Entwicklung des Wohlfahrtsstaates übersieht.[35] Und sie ist
politisch partiell, insofern sie die marxistische Vision des Sozialismus und die sozialistischen Bewegungen der deutsch-
sprachigen Länder privilegiert.[36]

Wenn wir unseren Blick weiten, stellen wir bald fest,
dass auch Liberale egalitärer Prägung und später auch
Christdemokraten wesentlich zu den Erfolgen des sozialdemokratischen Programms beigetragen haben. Hinzu kommt,
dass die Arbeiterbewegungen und sozialistischen Parteien in
ihren Zielen und Taktiken sehr unterschiedlich waren. Ob-

wohl die Demokratisierung des Sozialismus eine Quelle der heutigen Sozialdemokratie war, war sie kaum die einzige.

Es fällt nicht schwer, andere historische Vorboten der Sozialdemokratie zu finden. Einige könnten auf die „Diggers"-Bewegung mit ihrem radikalen Programm zur Landumverteilung während des englischen Bürgerkriegs hinweisen.[37] Andere könnten noch weiter zurückgehen auf die schwäbischen Bauern, die ähnliche Forderungen erhoben und durch den deutschen Adel brutal unterdrückt wurden, was zunächst als „Deutscher Bauernkrieg" bekannt wurde, nun aber wegen seiner biblisch begründeten Forderung nach einem Ende der feudalen Ausbeutung als „Revolution von 1525" bezeichnet wird.[38] Wieder andere könnten den Weg zurück zu dem in einigen frühchristlichen Gemeinden praktizierten System des Gemeinschaftseigentums weisen.[39] Die ideologische Furche des modernen Sozialismus ist tief.

Aber solche Genealogien werden in diesem Zusammenhang nicht ausreichen, weil sie die Grenzen zwischen Sozialismus und Sozialdemokratie verwischen. Während die meisten Spielarten des Sozialismus auf die Beseitigung des Eigentums oder zumindest auf dessen Umverteilung abzielten, zielt die Sozialdemokratie generell nur auf die Umverteilung von Einkommen ab, ohne die privaten Eigentumsrechte als solche in Frage zu stellen. In ähnlicher Weise zielt der Sozialismus auf die Beseitigung der Märkte, zumindest des Arbeitsmarkts, ab, während die Sozialdemokratie den Fokus auf die Regulierung von Märkten, insbesondere des Arbeitsmarkts, legt. Die Besonderheiten der Sozialdemokratie sind also, zumindest im Vergleich zum doktrinären Sozialismus, zweierlei: Einkommensumverteilung und Marktregulierung.

Diese beiden Anliegen heben die Sozialdemokratie auch vom „klassischen Liberalismus" angelsächsischer Prägung ab, insofern dieser den Einzelrechten und insbesondere den „Eigentumsrechten" besondere Bedeutung beimisst und sich daher den meisten Formen staatlicher Regulierung und praktisch allen Formen der wirtschaftlichen Umverteilung widersetzt.[40]

Aber dies hebt die Sozialdemokratie nicht von allen Formen des Liberalismus ab. Im Gegenteil, eine gewisse Lesart liberaler Prinzipien kann tatsächlich zu einer Akzeptanz von Regulierung und Umverteilung führen. Sollten die Rechte des Einzelnen nicht auch am Arbeitsplatz geschützt werden? Sind kapitalistische Unternehmen nicht einfach „moderne Plantagen", in denen die Arbeiter dem willkürlichen Willen der Manager unterworfen sind? Wenn ja, dann ist die Regulierung der Arbeitsmärkte lediglich ein Mittel zum Schutz der Rechte des Einzelnen? Und was nützt schließlich ein Recht, wenn es nicht ausgeübt werden kann? Was nützt die Freiheit, etwas zu tun, was man es sich nicht leisten kann? Wenn die Antwort „sehr wenig" lautet, dann ist die Umverteilung des Einkommens von den Besitzenden zu den Besitzlosen ein Mittel, um die Freiheit zu sichern und nicht um sie einzuschränken. So verstehen die meisten Amerikaner heute den „Liberalismus".

Es gibt auch ein republikanisches Argument für die Sozialdemokratie. Sie beruft sich manchmal auf das Prinzip des „konstitutionellen Gleichgewichts". Im klassischen Republikanismus, man erinnere sich, war die beste Verfassung eine „gemischte Verfassung", eine, die die Prinzipien von Monarchie, Aristokratie und Demokratie in ausgeglichenen Maß mischte. Oder wie Platon es formulierte, eine, in der die Macht des Einen, der Wenigen und der Vielen ungefähr gleich groß war.[41] Aber wie Tocqueville voraussah, neigt der moderne Kapitalismus dazu, eine neue Aristokratie ins Leben zu rufen, indem er großen Reichtum und damit auch große Macht in wenigen Händen konzentriert.[42] Wenn dieses Machtungleichgewicht nicht irgendwie ausgeglichen wird, ist die Oligarchie die unvermeidliche Folge. Im Kontext des

kapitalistischen Nationalstaates kann das verfassungsgemä-
ße Gleichgewicht durch staatliche Regulierung der Wirtschaft und/oder durch staatliche Umverteilung von Einkommen wiederhergestellt werden. Auf diese Weise wird die
Macht der Wenigen durch die Macht des Einen (des souverä-
nen Staates) und der Vielen (der arbeitenden Bevölkerung)
wieder ausgeglichen.

Schlussfolgerung: Demokratie und Religion

Zu Beginn dieses Kapitels wurde die „Wahlverwandtschaft"
zwischen Demokratie und Christentum erörtert. Nun gilt es,
näher auf die Kompatibilitätsfrage einzugehen. Wie verhalten sich Religion und Demokratie? Mit welcher Art Religion
ist Demokratie gut oder schlecht vereinbar? Mit was für Re-
ligionsarten sind die verschiedenen Demokratiearten (un)ver-
einbar? Und was „fällt" dabei „aus"?

Die Geburt der republikanischen Demokratie geht dem
Aufkommen des westlichen Christentums leicht voraus. Die
beiden würden sich im frühen Erwachsenenalter begegnen,
ähnlich Goethes Protagonisten. Der erste jugendliche Flirt
der republikanischen Demokratie war jedoch mit der „Zivilreligion", der Religion des Stadtstaates, die heute als „Paga-
nismus" bekannt ist. Im Alten Orient hatte jedes Gemeinwesen seinen eigenen Gott oder eher seine eigenen Götter,
göttliche Gründer und Beschützer, die sich um die Sicherheit
und den Wohlstand des Gemeinwesens kümmerten.[43] Im
Stadtstaatensystem des antiken Griechenland war das nicht
anders. Wie jedes Schulkind weiß, hatten die Griechen viele
Götter, und jede Stadt hatte ihre bevorzugten Beschützer.[44]
Nicht nur, dass eine Stadt mehrere verschiedene Götter verehr-
te; dieselben Götter wurden von vielen verschiedenen Städten

angebetet. Athen und Sparta hatten zum Beispiel beide eine Beziehung zu Athene. Die griechische Religion war damals nicht nur polytheistisch, sie war auch „polyamorös". Die Zivilreligion griechischen Stils war zwar nicht exklusiv, dafür aber verpflichtend. Jedes Gemeinwesen hatte seine Rituale – seine Feste und seine Opfergaben – und von allen Bürgern wurde erwartet, dass sie sich daran beteiligen oder gar die Organisation übernahmen, denn es gab keine gesonderte Priesterkaste, die mit dieser Aufgabe betraut war. (In dieser Hinsicht hoben sich die *Poleis* von den benachbarten Imperien ab.) Polytheistisch, polyamorös, obligatorisch und von Laien getragen – das sind vier Merkmale, die die Zivilreligion der griechischen *Poleis* von den dominierenden Formen des religiösen Lebens in den westlichen, liberalen Demokratien unterscheiden; denn diese sind tendenziell monotheistisch, monogam, freiwillig und klerikal geprägt.

Könnte auch das Christentum mit einer republikanischen Vision von Politik in Einklang gebracht werden? Einige Theoretiker, z. B. Jean-Jacques Rousseau, haben dies rundweg abgestritten.[45] Rousseau zufolge gab es zwei Gründe, warum das orthodoxe Christentum die öffentliche Einheit und die bürgerliche Hingabe, die eine Republik erfordern, untergräbt. Erstens, „durch die Trennung des theologischen Systems vom politischen System" zersplittere das Christentum die gesellschaftliche Einheit, und, so fügte Rousseau hinzu, „alles, was die soziale Einheit zerstört, ist wertlos". Für Rousseau bestehen also zwischen Republikanismus und Christentum keinerlei Wahlverwandtschaften, zumal weil Christen auch schlechte Bürger und Soldaten seien. Die Christenheit zöge die Hingabe vom Gemeinwesen weg und zum Himmel hin und schwäche so den Kampfgeist. Dennoch musste es nach Rousseau eine Religion geben, denn „kein Staat wurde jemals ohne Religion als Grundlage gegründet". Welche Art von Religion wäre also einer Republik angemessen? Zunächst eine Religion ohne Priester, denn „wo immer der Klerus einen Korpus bilde", untergrabe er die Souveränität des Volkes. Zweitens ein einfaches und „rein ziviles Glaubensbekenntnis", dessen „positive Dogmen" die des Deismus der Aufklärung waren: eine wohltätige Gottheit und ein Leben nach dem Tod. Zu seinen „negativen Dogmen" zählte nur ein einziges: ein Verbot religiöser Intoleranz. Während alle Bürger in Rousseaus Republik verpflichtet wären, dieser Zivilreligion öffentlich die Treue zu schwören, gehörte jeder, der mehr verlangte, aus der Stadt verbannt. Kurzum war für Rousseau die Formulierung „Christliche Republik" ein eklatanter Widerspruch. Die neuengländischen Puritaner und die amerikanischen Gründerväter sahen dies jedoch ganz anders: Sie blickten nicht auf Rom, sondern auf Jerusalem, auf das Modell der „Hebräischen Republik".

Anders als ihre republikanische Vorgängerin wuchs die repräsentative Demokratie im Mittelalter mit dem westlichen Christentum auf. Es ist daher nicht überraschend, dass sie sich zumindest in den ersten Jahren ihrer „Wahlverwandtschaft" als recht kompatibel erwiesen haben. Dafür gab es gute Gründe. Der Klerus war mit seiner Stellung im vormodernen Ständestaat zufrieden. Er war als „erster Stand" gut vertreten in den neuen Parlamenten, die er im Übrigen zusammmen mit seinen Verbündeten im „zweiten Stand" des Adels normalerweise auch dominierte. Hinzu kam der Reichtum der Kirche. Damals floss Geld von den Kirchenbeuteln in die Staatskassen, und nicht umgekehrt. Die ersten Anzeichen von Zwietracht zeichneten sich im Jahrhundert vor der Reformation ab, als sich das Papsttum mehr und mehr in Richtung einer absoluten Monarchie entwickelte. Dies führte zu Spaltungen innerhalb des ersten Standes, wobei einige Kleriker dem Papsttum, andere der Monarchie und wieder andere den Versammlungen zuliefen. Nach den demokratischen Revolutionen der Neuzeit zeigten sich noch tiefere Anzeichen von Zwietracht, denn die Revolutionen führten meistens dazu, dass der Klerus aus dem Parlament ausgeschlossen oder gar als Stand aufgelöst wurde.

Die Auflösung des ersten Standes zog eine größere Frage nach sich her: Können und sollen die Religionsgemeinschaften demokratisch vertreten sein und wenn ja, wie? Manche antworteten mit „Nein." Nach dieser Auffassung müssen Staat und Kirche strikt getrennt sein. Religion soll zur „Privatsache" gemacht werden und die Öffentlichkeit „wertfrei". Andere bejahten die Frage. Aus dieser Sicht kann Religion nie vollständig „privatisiert" werden, die Politik kann auch keine rein „rationale" Angelegenheit sein. Religionsgemeinschaften sollten auf die eine oder andere Weise demokratisch vertreten sein – zum Beispiel durch soziale Bewegungen, politische Parteien oder Kabinettsminister. Die Vereinigten Staaten versuchten lange den Mittelweg zu finden. Heute ist das Land in dieser Frage aber zunehmend polarisiert, da die christliche Rechte auf politische Repräsentation drängt und die säkulare Linke solche Bemühungen als Verletzung der Trennung von Kirche und Staat kritisiert.

Dass die Vereinigten Staaten so lange den Mittelweg suchten, war nicht zuletzt dem „liberalen" Charakter der amerikanischen Religion selbst zu verdanken. Sogar die konservativsten Formen des amerikanischen Protestantismus – vielleicht sogar ganz besonders sie – sind oft recht „liberal" – nicht im modernen parteipolitischen, sondern im klassisch-philosophischen Sinne: Sie beginnen nicht mit der Gemeinschaft, sondern mit dem Individuum – seinem „Gewissen", seinen „Überzeugungen", seiner „Freiheit" und seinen „Entscheidungen". In der Zwischenzeit wurden andere, eher integral ausgerichtete religiöse Traditionen, wie zum

Beispiel der römische Katholizismus, der oft Recht, Ritual, Autorität und Gemeinschaft betonte, allmählich „amerikanisiert", d. h., „protestantisiert". Die liberale Religion hat sicherlich dazu beigetragen, eine liberale Demokratie zu schaffen, aber auch umgekehrt.

Dies bedeutet nicht, dass die wahlverwandten Naturen von liberaler Religion und liberaler Demokratie ohne willentliches Zutun zueinander kommen konnten, oder dass die liberale Demokratie mit anderen Religionsformen ebenfalls ohne weiteres kombiniert werden kann. Wegen ihrer starken Betonung der Rechte des Einzelnen vermag die liberale Demokratie beispielsweise Ansprüche auf (religiöse aber auch ethnische) Gruppenrechte nicht ohne weiteres zu integrieren. Sie leistet auch allen Formen der Religion, die nicht als völlig freiwillig gelten, Widerstand. Deshalb können hochgradig integrierte und hierarchische Formen von Religionsgemeinschaften in liberalen Demokratien wie den Vereinigten Staaten intensive Debatten auslösen; sie stellen zwei Kernprinzipien gegeneinander: Religionsfreiheit und individuelle Rechte. Bürger sollen in die Öffentlichkeit als Individuen auftreten, nicht als Mitglieder eines „Stammes" oder einer „Gemeinschaft". (Allerdings sind diejenigen, die am lautesten gegen den „Tribalismus" protestieren und sich als Verteidiger des Individualismus positionieren, oft Mitglieder des dominanten Stammes). Dies ist ein Grund, warum die Amerikaner sich jeder Art von Gruppenrepräsentation widersetzen.

Es ist auch einen Grund, warum so viele amerikanische Christen die Sozialdemokratie grundsätzlich ablehnen. Dass Christentum und Sozialismus unvereinbar sind, mag vielen Amerikanern, die während und nach dem Kalten Krieg aufgewachsen sind, als die westeuropäische Sozialdemokratie mit dem osteuropäischen Staatssozialismus unter dem Begriff „gottloser Kommunismus" in einen Topf geworfen wurde, als selbstverständlich erscheinen. Aber das Verhältnis zwischen Sozialdemokratie und westlicher Religion ist viel komplizierter, als dieser Slogan des Kalten Krieges vermuten lässt. Wie zahlreiche Kulturwissenschaftler immer wieder betont haben, verdankt beispielsweise die Geschichtsphilosophie von Karl Marx mehr als nur ein kleines Bisschen der jüdisch-christlichen Eschatologie: Beide stellten sich ein gewaltsames Inferno vor, aus dem schließlich ein irdisches Paradies entstehen sollte. Auch seine heftigen Angriffe auf die Reichen und Mächtigen in der Gesellschaft haben den Anklagen der hebräischen Propheten viel zu verdanken, nicht nur in ethischer, sondern auch in rhetorischer Hinsicht. Und wenn die Verbindungen zwischen prophetischer Religion und Sozialdemokratie unter dem harten Äußeren des Marx'schen Materialismus zunächst verborgen bleiben, so sind sie in den einheimischen Versionen der Sozialdemokratien, die in England und den Vereinigten Staaten entstanden sind, völlig sichtbar. Denn dort wurde die Sozialdemokratie oft direkt von religiösen Bewegungen wie dem amerikanischen Sozialevangelium oder dem englischen Fabianismus inspiriert und getragen. Und obwohl die Sozialdemokratie tatsächlich im Widerspruch zu den individualistischen Tendenzen des konservativen Protestantismus stand, passte sie doch gut zu der eher gemeinschaftlichen Ethik sowohl des Judentums als auch des Katholizismus mit ihren jeweiligen Schwerpunkten auf sozialer Gerechtigkeit und Gemeinwohl.

Zusammenfassend lässt sich sagen, dass der Republikanismus am ehesten mit Religionen vereinbar ist, die zwar theologisch diffus, aber soziologisch vereinheitlichend sind; die repräsentative Demokratie mit Religionen, die hierarchisch und korporativ organisiert sind; die liberale Demokratie mit Religionen, die auf individueller Wahl und freiwilliger Vereinigung beruhen; und die Sozialdemokratie mit Religionen, die eine Ethik der sozialen Gerechtigkeit betonen und ihre Anhänger auffordern, einen Himmel auf Erden zu schaffen. Natürlich gibt es, wenn überhaupt, nur wenige Religionen, die all diese Desiderata befriedigen.

Könnte das Problem nicht gelöst und die Spannung beseitigt werden, wenn Demokratie und Religion den Triebkräften einer Wahlverwandtschaft widerstehen könnten? In den heutigen Vereinigten Staaten, die trotz des jüngsten Anstiegs der Unkirchlichen in den meisten Fällen ein außergewöhnlich religiöses Land bleiben (ganz zu schweigen von den demokratischen Regimen im globalen Süden, die eher religiöser als weniger religiös werden), ist dies keine plausible Option. Wie sieht es in Westeuropa aus? Ist dies vielleicht ein Modell für die Zukunft? Es stimmt zwar, dass die meisten europäischen Demokratien heute in hohem Maße „säkular", ja sogar „postchristlich" sind, aber es ist weniger klar, ob sie ganz auf Religion verzichten können. Auf der einen Seite wird der Glaube an Gott durch den Glauben an andere Dinge ersetzt, etwa an die Menschenrechte und die Demokratie selbst oder den Schutz der Natur. Aber auch wenn die Praxis eines christlichen Lebens vielleicht rückläufig ist, so ist dies in Bezug auf die christliche Identität nicht der Fall. So sehr einige Europäer der christlichen Vergangenheit entfliehen wollen, so ist nicht klar, dass „Europa" auch ohne sie überhaupt sinnvoll definiert werden kann. Die Debatte über europäische oder deutsche „Leitkultur" im Kontext von Zuwanderung und Migration aus muslimischen Regionen macht dies klar.

Zusammenfassend lässt sich sagen, dass die Demokratie durchaus auch ohne das Christentum funktionieren kann; ob sie schlechthin ohne Religion auskommt, ist weniger eindeutig. Aber wie schaut es aus mit dem Christentum? Welche Art von Politik zieht es an? Was sind also seine Wahlverwandtschaften?

KAPITEL 2
Ist das Christentum demokratisch?

Demokratische Denker hegten schon immer ein etwas ambivalentes Verhältnis zur christlichen Religion.[1] Manche erklärten Republikanismus und Christentum für schlichtweg unvereinbar – wie zum Beispiel Machiavelli.[2] Ähnlich wie Rousseau betrachtete er das Christentum als eine Quelle von Spaltung und Außerweltlichkeit, die die Einheit und Tugend, die eine Republik erfordert, unterminiere. Andere haben Demokratie und Christentum als sich gegenseitig verstärkend angesehen, vornehmlich in den Vereinigten Staaten. Tocqueville ist der bekannteste.[3] Er sah Amerikas Kirchen als Schulen der Demokratie und seine Pastoren und Priester als Hüter von Recht und Moral.

Aber was haben christliche Denker zur Demokratie zu sagen gehabt? Waren sie dafür oder dagegen? Beides natürlich. Im Folgenden werden die demokratischen und autoritären Impulse innerhalb des westlichen Christentums in sechs verschiedenen Kontexten historisch analysiert: Diese sind das alte Israel, das frühe Christentum, das Römische Reich, das Mittelalter, die Reformationszeit und die Neuzeit. Jede Epoche hat sowohl demokratische als auch autoritäre Versionen der christlichen politischen Theologie hervorgebracht. Man sollte sich also nicht wundern, wenn innerhalb der christlichen Kirchen der Spätmoderne autoritäre Impulse wieder aufkommen.

Eine historische Tiefenperspektive hilft, die zugrundeliegenden Quellen dieser Versionen aufzuspüren. Auf den ersten Blick lassen sich christliche Werte mit demokratischen Werten gut vereinbaren. Persönliche Freiheit, menschliche Gleichheit, soziale Solidarität und universelle Gastfreundschaft sind gewiss „evangelische Werte", d. h. Werte, die für die christliche

Botschaft, wie sie in den synoptischen Evangelien enthalten ist, von zentraler Bedeutung sind. Aber die christliche Botschaft kann auf einen zweiten Blick auch anders gelesen werden. Wenn das Christentum befreiend ist, warum nicht die Menschen zur Freiheit zwingen? Christen können vor Gott gleichberechtigt sein; sind Nichtchristen es auch? Was ist wichtiger: diesseitige Gerechtigkeit oder jenseitige Erlösung? Sicherlich sollten sich Christen den Bedürftigen gegenüber barmherzig erweisen. Aber was ist mit denen, die dies nicht verdienen – den Faulen oder Unmoralischen, zum Beispiel?

Zusammengefasst: Sind christliche Werte wirklich mit liberaler oder sozialdemokratischer Politik vereinbar? Oder werden sie besser durch eine hierarchische und autoritäre Politik verwirklicht? Christliche politische Theologen haben diese Fragen von Anfang an diskutiert. Wir werden am Ende dieses Kapitels auf sie zurückkommen und die Wahlverwandtschaften aus der Sicht des Christentums auswerten.

Altes Israel: Bündnisse und Könige

Enthalten die Heiligen Schriften der Alt-Israeliten überhaupt eine politische Theologie? Und wenn ja, war sie autoritär oder demokratisch? Dies sind dornige Fragen, die mit Vorsicht angegangen werden müssen. Es ist besonders wichtig, sich daran zu erinnern, dass in diesen Schriften Religion und Politik untrennbar miteinander verwoben sind. Und da es nicht notwendig war, die Forderungen der Religion mit denen der Politik in Einklang zu bringen – die Hauptaufgabe des politischen Theologen –, könnte man behaupten, dass diese Schriften überhaupt keine politische Theologie enthielten.[4]

Aber dies ist nicht die einzige mögliche Lesart. Denn diese Schriften enthalten auch eine laufende Debatte über die

Art der politischen und sozialen Ordnung, die Gott für sein Volk wünscht, eine Debatte, in der einige für die Monarchie eintreten und andere eher für die Demokratie.[5] Diese Debatte wird auch innerhalb der christlichen Theologie weitergeführt. Und egal wie man die Frage beantwortet, ob die Autoren der hebräischen Schriften selbst politische Theologie betrieben haben, gibt es keinen Zweifel daran, dass ihre christlichen Interpreten dies taten.

Wie sah diese politische Theologie aus? Darüber scheiden sich unter den Historikern die Geister.

Manche Althistoriker behaupten, die Alt-Israeliten seien tendenziell pro-monarchisch eingestellt gewesen. Um diese Ansicht zu begründen, verweisen sie auf die zahlreichen Parallelen zwischen den Großreichen des Alten Orients und den verschiedenen Königreichen des Alten Israel.[6] König Salomo liefert das paradigmatische Beispiel. Wie andere Herrscher dieser Zeit errichtete er einen großen Tempel, in dem er als Hohepriester den Vorsitz führte; er häufte großen Reichtum an, den er auffallend zur Schau stellte; er baute einen prächtigen Palast, in dem er persönlich Recht sprach; er hatte zahlreiche Ehefrauen und Konkubinen, darunter auch Ausländerinnen; und er erlaubte den Mitgliedern seines Haushalts, Schreine für ihre einheimischen Götter zu errichten. All dies war in den großen Reichen des Alten Orients – und in der gesamten Alten Welt – gängige Praxis. Kurzum, das Alte Israel war ein ganz normales Königreich der Zeit.

Andere Historiker argumentieren, dass das Alte Israel proto-demokratische Züge aufgewiesen habe. Sie weisen auf die zahlreichen Divergenzen zwischen dem alt-israelischem Staat und seinen nahöstlichen Nachbarn hin.[7] In den Nachbarstaaten, so stellen sie fest, war der Monarch nicht nur heilig, sondern geradezu göttlich, wenn nicht selbst ein Gott, so doch die Nachkommenschaft eines Gottes oder zumindest eine gottähnliche Figur. Im Gegensatz dazu werden die hebräischen Könige als bloße Sterbliche dargestellt, die von allzu menschlichen Fehlern – u. a. Ehrgeiz, Wollust und Stolz – heimgesucht werden. Man denke an die Könige Saul und David, deren moralisches Versagen so reichhaltig dokumentiert ist. Dies steht in scharfem Kontrast zu den hagiographischen Inschriften, mit denen sich andere antike Herrscher in Erinnerung brachten. In diesen Königtümern war zudem die Macht des Monarchen absolut; der König war das lebendige Gesetz. In den hebräischen Königreichen war der Monarch selbst durch das Gesetz eingeschränkt, und zwar nicht nur durch die rituellen Gesetze der Tempelpriester, sondern auch durch die ethischen Gesetze der hebräischen Propheten. In der Tat beschreiben die hebräischen Schriften die Könige Saul und David sogar als solche, die das Gesetz studieren. In den umliegenden Reichen waren Volk und Land Eigentum des Königs, und die Anhäufung von Reichtümern und Gütern war ein Zeichen und Werkzeug seiner Macht. In den hebräischen Königreichen wurde den Monarchen hingegen ausdrücklich verboten, sich übermäßig zu bereichern oder anderen Männern die Frauen oder Besitztümer zu nehmen. Darüber hinaus war der Thron nicht das einzige Machtzentrum: Auch Stammesälteste, Tempelpriester und charismatische Propheten hatten eine Stimme. Während das salomonische Königreich vielleicht anderen alten Monarchien ähnelte, gleichen die Monarchien von Saul und David, so wie sie in der Schrift dargestellt werden, eher dem, was wir heute eine konstitutionelle Monarchie nennen, wo die politische Macht geteilt und die königliche Macht begrenzt ist.

Es wäre jedoch anachronistisch, die hebräischen Schriften als eine politische Debatte über die Tugenden von Demokratie und Monarchie zu lesen. Während die politische Ordnung der alten Israeliten in der Tat einige proto-demokratische Merkmale aufwies, enthält die Schrift selbst weder ein hebräisches Äquivalent des griechischen Wortes „Demokratie" noch eine Diskussion über Politik, die sich sauber von theologischen Fragen trennen lässt. Dies ist kaum verwunderlich, denn die hebräischen Schriften sind schließlich kein Werk der säkularen politischen Philosophie.

Die hebräische Bibel kann auch nicht als kategorisch antimonarchisch gelesen werden. Jahwe erlaubte den Israeliten, wenn auch widerwillig, einen König zu wählen. Die zentrale Spannung, die die biblische Erzählung antreibt, besteht also weniger zwischen zwei politischen Systemen – Monarchie und Demokratie –, als vielmehr zwischen zwei theologischen Systemen: zwischen dem kosmischen Königtum und dem „göttlichen Bund" oder, im übertragenen Sinne, zwischen Ägypten und dem gelobten Land.

Denn „Ägypten" ist nicht nur ein irdischer Ort, den die Israeliten ein für alle Mal verlassen könnten, ebenso wenig wie das „verheißene Land" ein irdischer Ort ist, an dem sie sich für immer niederlassen könnten.[8] Ägypten und das gelobte Land symbolisieren auch zwei gegensätzliche theologische und politische Ordnungen. In den kosmischen Monarchien, die durch Ägypten symbolisiert werden, sind die natürlichen und übernatürlichen Ordnungen miteinander verzahnt und werden durch die magischen Kräfte eines gottähnlichen Königs, dessen rituelle Handlungen Fruchtbarkeit und Wohlstand erzeugen, im Gleichgewicht gehalten. In „Ägypten" ist die Gesellschaftsordnung zudem ebenso pyramidenförmig wie die kosmische Ordnung, mit einem massiven, aus Sklaven errichteten Fundament und einem einzigen Herrscher, der den Schlussstein bildet.

Demgegenüber ist in der Ordnung des Bundes die Natur frei von Magie – „entzaubert", wie wir jetzt mit Weber sagen – und Gott greift „von außen" in die Welt ein. Alle

Menschen sind nach dem Bild Gottes geschaffen, und soziale Ungerechtigkeit wird mit Argwohn betrachtet. Und doch sehnten sich die Israeliten auf ihren Wanderungen durch die Wüste oft nach Ägypten zurück. Viele hätten gerne ihre Freiheit gegen die „Fleischtöpfe", den heiligen Bund mit Jahwe gegen die profane Belohnung der Pharaonen eingetauscht. Und selbst als sie das gelobte Land erreicht hatten, hatten sie Ägypten noch immer nicht ganz hinter sich gelassen. So wie Israel in Ägypten gefangen war, lebte Ägypten auch in Israel weiter, und zwar nicht nur als kollektive Erinnerung, sondern auch als eine immerwährende Versuchung, einen Menschen an die Stelle Gottes zu setzen und die Starken vom Schweiß der Schwachen leben zu lassen.

Wenn die hebräische Bibel eine politische Theologie enthält, dann sind zwei ihrer zentralen Prinzipien: 1) eine Ablehnung jeglichen politischen Götzendienstes und daher ein Misstrauen gegenüber Monarchen, die sich allzu gerne zu Göttern machen; und 2) eine Forderung nach sozialer Gerechtigkeit und daher ein Misstrauen gegenüber den Wohlhabenden, die oft Reichtümer für sich selbst horten. Diese Prinzipien werden immer wieder von den biblischen Propheten beschworen, von Amos über Jesaja bis hin zu Jesus.[9]

Die frühen Christen: Geschwister und Patriarchen

Irgendwann im dritten Jahrzehnt der „gemeinsamen Ära", die mit dem mutmaßlichen Jahr der Geburt Jesu beginnt, begann dieser jüdische Mann aus Nazareth in der römischen Provinz Judäa zu predigen. Aus Furcht davor, dass er eine Rebellion anzetteln könnte, ließ ihn der Provinzgouverneur verhaften und auf grausamste Art und Weise töten: durch Kreuzigung. Kurz darauf behaupteten einige der engsten

Anhänger des Mannes, er sei von den Toten auferstanden und ihnen persönlich erschienen. Sie reisten zu jüdischen Gemeinden im ganzen Nahen Osten und im Mittelmeerraum und erzählten von seinen Worten und Taten.

Wie das Judentum selbst gewann auch die neue Bewegung eine große Anzahl nichtjüdischer Anhänger. Unter den Anführern der Bewegung gab es eine hitzige Debatte über die Bekehrung solcher „Heiden". Die pro-heidenchristliche Fraktion setzte sich schließlich durch. Zu ihren Anführern gehörte ein ehemaliger Zeltmacher aus der türkischen Stadt Tarsus. Er gab sich den Namen Paulus.

Etwa zu dieser Zeit – eine ganze Generation nach der Kreuzigung, als die Augenzeugen seines Lebenswerks langsam wegstarben – begannen einige Mitglieder der Bewegung, die Geschichte von Jesu Leben für künftige Generationen aufzuschreiben. Vier dieser Lebensgeschichten sollten später als kanonisch anerkannt werden. Zusammen mit Briefen, die von Paulus und anderen Anführern der Bewegung geschrieben wurden, wurden sie zusammen mit Teilen der Hebräischen Schriften und einer „Offenbarung" aus dem späten ersten Jahrhundert, die einem Mann namens Johannes (nicht zu verwechseln mit dem Jünger Johannes) zugeschrieben wurden, gesammelt und dann zu einem Buch zusammengefasst werden, das als „Die Bibel" bekannt wurde.

Wie die Hebräische Schriften kann und wurde die christliche Bibel als ein apolitisches oder gar anti-politisches Buch gelesen, das sich ausschließlich mit dem persönlichen Heil befasst. Aber eine solche Lesart lässt sich nur schwer aufrechterhalten, weil die Jesus-Bewegung und die christlichen Kirchen, die aus ihr hervorgingen, sich oft als politische Gemeinschaften darstellten. Eine der häufigsten Formulierungen im Neuen Testament ist zum Beispiel „Reich/Herrschaft Gottes". Jesus selbst verwendet sie in den Evangelien nicht weniger als 55-mal. Und obwohl das Wort „Demokratie" im Neuen Testament nicht vorkommt, bezeichnen seine Autoren die neuen christlichen Gemeinschaften doch als *ekklesia,* das griechische Wort für die Volksversammlungen der alten *Polis.* Während sich das Problem der politischen Theologie nach dem Zusammenbruch des (westlichen) Römischen Reiches und der wachsenden Bedeutung der römischen Kirche bei der Regelung weltlicher Angelegenheiten verschärfte, war es bereits in der Bibel selbst präsent.

Die Politik der Bibel ist kompliziert und widersprüchlich. Einige haben sie als radikale Ablehnung all der sozialen Hierarchien gelesen, die die antike Gesellschaft geradezu definierten.[10] Schließlich waren einige von Jesu engsten Anhängern Frauen – eine seiner engsten Gefährtinnen war womöglich eine Prostituierte –, kaum eine gute Gesellschaft für einen frommen jüdischen Mann. Eines der berühmtesten Gleichnisse Jesu – das Gleichnis vom barmherzigen Samariter – legt nahe, dass kein Volk, nicht einmal Gottes auserwähltes Volk, ein Monopol auf moralische Gerechtigkeit beanspruchen kann. Ebenso prophezeite er in der Bergpredigt, dass die Letzten die Ersten im Reich Gottes sein würden – was im vollkommenen Gegensatz zu den höchsten Werten des Römischen Reiches stand.

Nach dieser Deutung lehnte Jesus genau die Hierarchien (von Geschlecht, Rasse und Klasse) vollständig ab, die die alte Gesellschaftsordnung prägten. Und nicht nur das: Jesus versuchte auch, den Dreh- und Angelpunkt zu demontieren, der die verschiedenen Formen der alten Hierarchien zusammenhielt: den patriarchalen Haushalt. Er warnte seine Anhänger, dass sie möglicherweise ihre Mütter und Väter zurücklassen müssten, wenn sie sich ihm anschließen wollten. Und er versprach, dass sie in eine neue Familie von christlichen Schwestern und Brüdern wiedergeboren würden, wenn sie ihm folgten. Das Sakrament der Taufe symbolisierte diese Wiedergeburt. Nach dieser Lesart ist die christliche politische Theologie also radikal antiautoritär und proto-demokratisch: Die christliche Gemeinschaft lehnt jede soziale Hierarchie ab. Der Leib Christi soll eine für alle offene Gemeinschaft von Gleichen sein.

Aber dies ist keineswegs die einzig mögliche Interpretation der biblischen Politik. Auch konservative und sogar autoritäre Lesarten sind möglich. Als der römische Präfekt Pontius Pilatus Jesus fragt, ob er sich für den König der Juden hält, antwortet Jesus, „mein Königreich ist nicht von dieser Welt". Früher, als Mitglieder der pharisäischen oder „separatistischen" Bewegung Jesus fragten, ob es rechtmäßig sei, Steuern an Rom zu zahlen, ermahnte Jesus sie auf kluge Weise, „dem Kaiser zu geben, was des Kaisers ist". Zusammengenommen könnten diese beiden Episoden auf ein jenseitiges Ethos des passiven Gehorsams gegenüber der etablierten Autorität hindeuten.

Dies ist auch die übliche Deutung der wohl wichtigsten Aussage zum Verhältnis kirchlicher und staatlicher Macht in der christlichen Bibel, nämlich Kapitel 13 des Paulusbriefes an die christlichen Gemeinden Roms:

> „Jeder ordne sich den Trägern der staatlichen Gewalt unter. Denn es gibt keine staatliche Gewalt außer von Gott; die jetzt bestehen, sind von Gott eingesetzt. Wer sich daher der staatlichen Gewalt widersetzt, stellt sich gegen die Ordnung Gottes, und wer sich ihm entgegenstellt, wird dem Gericht verfallen … Deshalb ist es notwendig, sich unterzuordnen, nicht allein um der Strafe, sondern auch um des Gewissens willen." (Römer 13,1–2 und 5)

In der politischen Theologie des Paulus gilt dasselbe Prinzip des passiven Gehorsams auch für versklavte Menschen. „Die Sklaven sollen ihren Herren gehorchen, ihnen in allem gefällig sein, nicht widersprechen, nichts veruntreuen", schrieb er Titus; „sie sollen zuverlässig und treu sein, damit sie in allem der Lehre Gottes, unseres Retters, Ehre machen" (Titus 2,9–10). Meister und Sklaven mögen in der kommenden Welt gleichberechtigt sein, sagte Paulus, aber nicht in dieser. Passiver Gehorsam kennzeichnete auch die richtige Beziehung zwischen Ehemännern und Ehefrauen. Immer wieder riet Paulus, dass die Ehemänner gütig zu ihren Frauen sein sollten, während er darauf bestand, dass die Frauen sich ihren Männern in allen Dingen unterordnen sollten.

Dann gibt es die Sprache königlicher Herrschaft, die das Neue Testament durchdringt. Man kann die wiederholten Berufungen auf Jesus oder Gott als „Herr" oder „König" als eine subtile Kritik an irdischen Herren und Königen wie den römischen Kaisern lesen, die weiterhin einen göttlichen oder quasi-göttlichen Status für sich beanspruchten. Man kann dies aber auch als einen Versuch verstehen, die göttliche Transzendenz in menschlicher Sprache zu fassen – der politischen Sprache der Antike. Man kann dies sogar als tückische Herausforderung irdischer Macht lesen, in der Jesus sich über die Ansprüche seiner römischen Oberherren und ihrer jüdischen Unterstützer lustig macht. Aber wie auch immer man sie liest, die Sprache von Herrschaft und Reich liegt in der Bibel verborgen und kann jederzeit und für viele Zwecke angezapft werden, einschließlich zur Verteidigung von Herrschaft und Reich, und von Rom selbst.

Die Spätantike: Städte und Reiche

Nach seinen christlichen Biografen Eusebius und Laktanz hatte Konstantin in der Nacht vom 27. Oktober 312 einen Traum.[11] Am folgenden Tag, kurz vor der schicksalhaften

Schlacht an der Milvischen Brücke, hatte der zukünftige Kaiser auch eine Vision. Im Traum wurde ihm gesagt, dass seine Legionäre ihre Schilde mit dem sogenannten *Labarum* versehen sollten, das die ersten beiden Buchstaben des Namens Christus übereinanderlegt: Chi und Rho. In der Vision verwandelte sich die Sonne in ein Kreuz und eine Stimme verkündete *„In Hoc Signo Vinces"*: „Mit diesem Zeichen wirst du siegen." Und er triumphierte. So begann die rasante Konsolidierung der Macht, die Konstantin bald zum alleinigen Herrscher des Römischen Reiches machen sollte.

Im Februar des folgenden Jahres, so heißt es weiter, verkündete Konstantin das berühmte Edikt von Mailand. Es verlieh dem Christentum einen bevorzugten Status: Von nun an genossen die christlichen Kirchen rechtlichen Schutz und finanzielle Unterstützung durch das Imperium. Nachdem Konstantin seine Kontrolle über die östliche Hälfte des Reiches konsolidiert hatte, berief er 325 das Konzil von Nizäa ein, in der Hoffnung, die christlichen Kirchen um ein einheitliches Glaubensbekenntnis zu vereinen. Das Nizänische Glaubensbekenntnis, wie es genannt wurde, sollte die langjährige Debatte über die metaphysische Natur Gottes beenden. In den Ostkirchen hatten viele Theologen, darunter auch Eusebius selbst (260/5 – 339/40), der der „arianischen" Sicht zugeneigt, dass Gottes Existenz der des Sohnes vorausging. In den westlichen Kirchen hingegen hielten die meisten Theologen fest an der vertrauteren trinitarischen Theologie des „dreieinigen Gottes", Vater, Sohn und Heiliger Geist. Das Konzil bestätigte die Dreieinigkeitstheorie.

Am 27. Februar 380 erließ ein anderer Kaiser namens Theodosius ein Dekret mit dem Titel „Cunctos populos". Auch bekannt als das Edikt von Thessaloniki, proklamierte es das nizänische Christentum als Staatsreligion des Reiches. Im folgenden Jahr verbot Theodosius heidnische Opfer, schloss heidnische Tempel und schaffte heidnische Feiertage ab. Im Laufe des nächsten Jahrzehnts wurden christliche „Häretiker" und widerspenstige Heiden systematisch gesäubert und verfolgt.

Es war eine wirklich erstaunliche Wendung.[12] Was als kleine sektenartige Bewegung in einer römischen Randprovinz begonnen hatte, war nun die offizielle Staatsreligion eines (angeblich) ewigen Reiches. Kleine Gottesdienste in Privathäusern wichen sorgfältig ausgearbeiteten Ritualen in prunkvollen Basiliken. Aber die Herrschaft des kaiserlichen Christentums erwies sich als kurz, zumindest im Westen. Dort standen die Barbaren buchstäblich vor den Toren, und Rom wurde alsbald und wiederholt geplündert.

Der Mann, der als Augustinus (354–430 n. Chr.) bekannt wurde, war zu dieser Zeit zufällig in Italien und erlebte die erste Plünderung Roms mit.[13] Während der zweiten Plünderung diente er als Bischof von Hippo Regius im heutigen Algerien. Sein Hauptwerk mit dem Titel *Civitas Dei* war unter anderem ein Versuch, den Zusammenbruch des westlichen Reiches zu verstehen.[14] Es war auch eine Absage an die ideologischen Rechtfertigungen des christianisierten Reiches, die von einer früheren Generation christlicher Theologen, darunter Eusebius, propagiert worden waren. Wo Eusebius sich ein einziges Reich vorstellte, das Kirche und Staat in einer großen metaphysischen Hierarchie vereinigt, stellte sich Augustinus zwei metaphysisch verschiedene Städte vor, die Stadt Gottes und die Stadt der Welt.

Eusebius (260/265–339/340 n. Chr.) verbrachte den größten Teil seines Lebens in der Hafenstadt Cäsarea, die zwischenzeitlich zu einem wichtigen Zentrum christlicher Kultur geworden war.[15] Wie viele Theologen der Spätantike betrachtete er das Judentum als die Urreligion, die heute vom Christentum abgelöst wird, und er verstand den Platonismus als eine Form des Christentums *avant la lettre*. Warum? Im Eröffnungsvers des Johannesevangeliums wird Christus als das „Wort" *(Logos)* beschrieben. Das Wort war der Welt vor Christus offenbart worden, wurde aber bisher nur von den Juden erkannt, die dadurch zum auserwählten Volk Gottes wurden. Aber auch weise Philosophen wie Platon kannten den *Logos*. Christus war das fleischgewordene Wort, das Wort, das endlich auch den Heiden offenbart wurde. Das waren vereinfacht gesagt die zentralen Prinzipien der „logozentrischen" Theologie hellenistischer Theologen wie Eusebius.

Eusebius erlangte seine Volljährigkeit in einer Periode christlicher Blüte, befand sich in den Jahren der großen Verfolgung durch Kaiser Diokletian (303–305) im mittleren Alter und verbrachte die letzten Jahrzehnte seines Lebens unter dem Edikt Konstantins. Wie viele Christen der spätrömischen Ära interpretierte er diese Ereignisse als göttliche Fügung.[16] Gott hatte das römische Reich gegründet, um die Verbreitung des Christentums zu erleichtern. Satan und seine irdischen Diener hatten sich der Erlösung der Heiden durch die Verfolgungen von Diokletian widersetzt. Aber Gott hat diese Rebellion mit dem Schwert Konstantins niedergeschlagen. Und mit demselben Schwert würde er die gesamte Menschheit in einer Religion und einem Reich vereinen. Das war das pro-imperiale Narrativ im frühen Christentum.

Die große Errungenschaft der politischen Theologie des Eusebius – wenn es denn eine ist – war die intellektuelle Versöhnung von Ägypten und Gelobtem Land, d. h. der politischen Theologie der göttlichen Monarchie und des heiligen Bundes. In seinen Schriften setzte Eusebius Konstantin mit Moses gleich. Eusebius zufolge sei der erste König Israels nicht Saul gewesen, sondern Moses, der auch den heiligen Bund verkündete. Und der erste König der Christenheit sei Konstantin, der den Bund bekräftigte.

So merkwürdig Eusebius' Theologie heutzutage klingen mag, seine politische Theologie trifft doch einige bekannte Töne. Da ist zunächst die Auslegung geschichtlicher Ereignisse als göttliche Fügungen im Rahmen eines eschatologischen Dramas, dann die (wörtliche) Dämonisierung politischer Feinde und die (häretische) Überzeugung, dass das Ende des Bösen mit der Spitze des Schwertes zu erreichen sei. Dazu gibt es noch das monarchische Verständnis des göttlichen Rechts und die religiöse Legitimation der daraus folgenden autoritären Herrschaft. Man sollte sich nicht wundern, dass Eusebius' politische Theologie plötzlich Widerhall findet bei einigen konservativen protestantischen Theologen in den heutigen Vereinigten Staaten, die nach einer religiösen Rechtfertigung für das amerikanische Imperium suchen, so sehr Eusebius' Ansichten auch im Widerspruch zu den protestantischen theologischen Traditionen stehen mag, zu der diese Denker sich angeblich bekennen.[17] Denn diese Traditionen beginnen mit Augustinus – einer Schlüsselfigur sowohl für Luther als auch für Calvin –, der eine ganz andere Art politischer Theologie entwickelte, die auch leichter mit der liberalen Demokratie zu vereinbaren ist.

Augustins berühmtestes Werk *Die Stadt Gottes* ist zum Ausgangspunkt für viele christliche Überlegungen zum politischen Leben geworden. Die Argumentation des Buches dreht sich um Augustinus' Unterscheidung zwischen der Stadt Gottes (*civitas dei)* und der Stadt der Welt (*civitas terrena*) und um seine Lehre der doppelten Prädestination, bei der Gott beschließt, einige zu erlösen, andere aber nicht. Die Stadt Gottes umfasst alle, die erlöst wurden; die Stadt der Welt alle, die verdammt wurden. Beide Städte sind ewige Städte, aber sie überschneiden sich auch in der irdischen Geschichte. Ihre Bürger begegnen sich in der „säkularen" Stadt, also den Städten der Gegenwart oder des *saeculum*. Die Bewohner der säkularen Stadt wissen nicht und können nicht wissen, aus welcher der beiden ewigen Städte sie stammen; nur Gott weiß dies. Auch die ewige Staatsbürgerschaft fällt nicht unbedingt mit der säkularen Staatsbürgerschaft zusammen. In den christlichen Kirchen gibt es Bürger der weltlichen Stadt; und einige Bürger der himmlischen Stadt sind keine Mitglieder der christlichen Kirchen in der säkularen Welt. Auch sollten die Kirchen oder Staaten des *saeculum* nicht mit einer der beiden ewigen Städte gleichgesetzt werden. Sicherlich kann die Kirche die himmlische Stadt insofern vorwegnehmen, als sie Nächstenliebe praktiziert und die Hoffnung bewahrt. Aber das kann der irdische Staat auch, sofern er Gerechtigkeit erreicht oder den Frieden erhält. Jedoch keine dieser Tugenden, ob göttlich oder weltlich – weder Nächstenliebe, noch Hoffnung, noch Gerechtigkeit oder Frieden –, kann in ihrer Vollkommenheit in der Gegenwart erreicht werden, sondern nur in der Fülle der Ewigkeit. Dass dem so ist, liegt nicht an einem Fehler in Gottes Schöpfung, sondern am Sündenfall der Menschheit im Garten Eden. Die Ursache des Sündenfalls, der von Adam begangenen Ursünde, war nach Augustinus der Stolz, eine Selbstliebe, die die Liebe Gottes in den Schatten stellte. Und die Unordnung der heutigen Welt ist die Folge der vielen anderen Formen ungeordneter Liebe, die Adams Stolz hervorgebracht hat. Dies sind in groben Zügen die zentralen Grundsätze von Augustins Argumentation. Hatte Eusebius versucht, Religion und Politik über die Einheit von Kirche und Reich wieder zusammenzuschweißen, so verewigte Augustinus den Bruch zwischen ihnen und verwandelte damit ihr Verhältnis in ein theologisches Problem, für das es keine politische Lösung gab.

Wenn die politische Theologie des Augustinus nicht offensichtlich imperialistisch ist, so ist sie auch nicht selbstverständlich demokratisch. Dennoch bietet sie einen möglichen

Ausgangspunkt für eine theologische Kritik des Imperialismus und eine theologische Verteidigung der Demokratie, was vielleicht ein Grund dafür ist, dass sich so viele philosophische Verfechter der Demokratie, von Kant über Arendt bis Rawls, so sehr von Augustinus inspirieren ließen.[18] Die augustinische Kritik am Kaiserreich ist der prophetischen Bundeskritik ähnlich: Das Kaiserreich führt über die Vergöttlichung des Herrschers zum Götzendienst. Das augustinische Plädoyer für die Demokratie ist etwas komplizierter. Es beginnt mit geistiger Bescheidenheit. Wenn wir die Grenzen unseres eigenen Wissens erkennen, sei es über ewige oder historische Dinge, müssen wir auch die Bedeutung des Dialogs erkennen. Es geht mit moralischem Realismus weiter. Wenn wir erkennen, dass die Selbstliebe alle menschlichen Handlungen durchdringt und dass unsere Interaktionen mit anderen immer einen „Willen zur Herrschaft" (*libido dominandi*) enthalten, dann wird es klug sein, Macht zu verteilen, zu begrenzen und auszugleichen, anstatt sie zu zentralisieren, zu verabsolutieren oder zu konzentrieren. Wenn wir schließlich anerkennen, dass Frieden und Gerechtigkeit entscheidende Voraussetzungen für das individuelle und kollektive Wohlergehen sind, die die Bürger der beiden ewigen Städte vereinen, und dass das Streben nach ihnen in der Gegenwart ihre Vollendung in der Ewigkeit vorwegnimmt, dann haben Christen genügend Gründe für eine aktive Zusammenarbeit mit Nichtchristen in den Städten des *saeculum*. Zusammenfassend lässt sich sagen, dass Eusebius' imperiale politische Theologie am ehesten mit dem zeitgenössischen christlichen Nationalismus in Einklang gebracht werden kann, während Augustinus gewisse Wahlverwandtschaften mit der modernen liberalen Demokratie hat.

Drei Tage lang, vom 25. bis zum 28. Januar 1077, kniete der deutsche Kaiser Heinrich IV. vor der Burg von Canossa im Schnee und wartete darauf, dass der römische Papst Gregor VII. die Tore öffnet und ihn wieder in die Gemeinschaft der Kirche aufnahm. Der Kaiser hatte es als sein Recht behauptet, Bischöfe seiner eigenen Wahl zu ernennen oder zu „investieren".[19] Der Papst hatte darauf bestanden, dass er allein diese Befugnis habe. Heinrich reagierte darauf mit der Ernennung eines neuen Papstes und der Forderung nach Gregors Rücktritt. Gregor exkommunizierte Heinrich daraufhin und verlangte, dass er die päpstliche Vormachtstellung anerkenne. Der Papst gewann diesen Kampf, aber das Tauziehen wird in den kommenden Jahrhunderten fortgesetzt werden.

Dreieinhalb Jahre lang, vom 16. November 1414 bis zum 22. April 1418, versammelten sich in der Nähe von Konstanz über 400 Kirchenmänner – Kardinäle, Bischöfe, Äbte und Theologen. Die Hauptaufgabe des Konzils war die Wiederherstellung der Einheit der westlichen Kirche, die durch das päpstliche Schisma zerrissen worden war. Seit 1378 gab es zwei rivalisierende Anwärter auf den Papstthron, der eine in Rom, der andere in Avignon. Im Jahr 1409 war die Zahl der Päpste nach dem Konzil von Pisa sogar auf drei angewachsen. Das Konzil von Konstanz brauchte drei Jahre, um dieses Problem zu lösen.

Diese Ereignisse – der Gang nach Canossa und das Konzil von Konstanz – sind nicht nur zwei der bekanntesten Episoden der mittelalterlichen Geschichte, sondern sie versinnbildlichen auch zwei gegensätzliche Visionen der Kirchenherrschaft: die päpstliche Souveränität und die Oberhoheit des Konzils.[20] Die päpstliche Position wurde prägnant im *Dictatus papae* zusammengefasst, einer Liste von siebenundzwanzig Forderungen bezüglich der päpstlichen Autorität. Darin behauptete Gregor nicht nur die alleinige Autorität, Bischöfe zu ernennen und Geistliche zu ordinieren, sondern auch die Unfehlbarkeit der römischen Kirche, die Immunität der Päpste gegenüber dem weltlichen Recht und, was für den vorliegenden Fall am wichtigsten ist, das Recht, fehlgeleitete Herrscher abzusetzen. Es war nur ein Teil des übergreifenden Programms der sogenannten „Gregorianischen Reformen".[21] Gregors Nachfolger Urban II. setzte das Reformprogramm fort, indem er gegen die Priesterehe und den Verkauf kirchlicher Ämter vorging.

Die konziliaristische Position[22] wurde unterdessen vom Konzil von Konstanz in der als *„Haec Sancta Synodus"* bekannten Erklärung folgendermaßen formuliert:

> „Diese im Heiligen Geiste rechtmäßig versammelte, ein allgemeines Konzil darstellende und die streitende katholische Kirche vertretende Synode hat ihre Vollmacht unmittelbar von Christus; jeder beliebige, welchen Standes und welcher Würde auch immer, auch wenn es die päpstliche sein sollte, ist gehalten, ihr in dem zu gehorchen, was den Glauben und die Ausrottung des genannten Schismas betrifft."[23]

Mit anderen Worten: Der Heilige Geist sprach durch die versammelten Kirchenmänner, die ihre Kraft von Christus selbst und nicht vom römischen Pontifex ableiteten, der vielmehr ihrer Autorität unterlag. Diese reichte bis zur Absetzung oder Ernennung von Päpsten, falls dies notwendig sein sollte, wie es in diesem Moment der unlösbaren Spaltung sicherlich der Fall war.

Bei diesen beiden kirchlichen Kontroversen – dem Investiturstreit und dem Großen Schisma – ging es um zwei umfassendere Fragen: Welche war die rechte Beziehung zwischen den „zwei Schwertern", dem heiligen und dem weltlichen? Und welche war die jeweils angemessene Regierungsform? Noch konkreter, sollten z. B. Päpste Kaiser salben oder umgekehrt Kaiser Päpste? Hatte die Souveränität ihren Sitz in kollektiven Körpern wie kirchlichen Konzilien oder gesetzgebenden Versammlungen oder vielmehr bei einzelnen Herrschern, seien sie heilig oder säkular? Diese Fragen waren eng miteinander verflochten, und viele verschiedene Antworten waren auch (theoretisch) möglich. In der Praxis allerdings bewegten sich sowohl die römische Kirche als auch die aufstrebenden Territorialstaaten bereits in eine entschieden monarchische Richtung. Die einzigen großen Ausnahmen waren die republikanischen Stadtstaaten. Gerade sie wurden aber zu den Keimzellen der Reformation.

Die Reformationen: Kommunal und obrigkeitlich?

Die Schlacht bei Frankenhausen endete am 15. Mai 1525, als etwa 6.000 bewaffnete Ritter unter der Führung zweier fürstlicher Verteidiger des Protestantismus – Landgraf Philipp von Hessen und Herzog Georg von Sachsen – an einem einzigen Tag in Thüringen eine ungefähr gleiche große Anzahl unausgebildeter und schlecht bewaffneter Bauern niedermetzelten. Frankenhausen gilt weithin als das „dénouement des deutschen Bauernkrieges",[24] des größten Volksaufstandes auf dem Kontinent in der Zeit vor der Französischen Revolution. Seine Ziele waren radikal, ja sogar „revolutionär". Diese Ziele wurden am besten in einer Liste mit zwölf Punkten zusammengefasst, die von einer Gruppe schwäbischer Bauern im März 1525 verkündet wurde. Sie forderten u. a. das Recht jeder Gemeinde, ihre eigenen Priester zu wählen, die Anerkennung der Bauern als freie und gleichberechtigte Mitglieder der Gemeinschaft, die Reform des Steuersystems und die Umverteilung von Land und Reichtum.

Martin Luthers erste Reaktion auf die Forderungen der Bauern war eher vorsichtig.[25] Er lehnte ihr Freiheitsverständnis als naiv ab, schimpfte aber auch über die Fürsten, die sich auf Kosten der Bauern bereichert hätten, und forderte sie auf, mit Geduld und Nächstenliebe vorzugehen. Er änderte aber seine Meinung, nachdem er die Ergebnisse des Konflikts mit eigenen Augen gesehen hatte. Besonders der Anblick geplünderter Schlösser und Klöster entfachte seinen Zorn. Unter Berufung auf die paulinische Theorie des passiven Gehorsams gegenüber der politischen Autorität forderte er die Fürsten auf, die Rebellion mit allen erforderlichen Mitteln niederzuschlagen.

Ein Jahrzehnt später änderte Luther nochmals seine Meinung.[26] Nun sahen sich die protestantischen Fürsten Deutschlands nicht mit einer Bauernhorde konfrontiert, sondern mit kaiserlichen Truppen unter der Führung des katholischen Kaisers Karl V., der fest entschlossen war, die neue Häresie auszumerzen. Unter Berufung auf das „natürliche Recht" auf Selbstverteidigung sowie auf ständestaatliche Theorien der Reichsverfassung argumentierten Luther und seine Anhänger, dass sich der deutsche Adel – und vielleicht sogar das gemeine Volk – rechtens gegen Karls Unterdrückung wehren könnte.

Um diese gleiche Zeit, im Juli 1536, befand sich ein junger Franzose namens Jean Calvin, der auf der Reise nach Straßburg war, in Genf.[27] Zu Beginn des Jahres hatte der 27-jährige Calvin eine systematische Abhandlung über die protestantische Theologie veröffentlicht, die *Institutiones Christianae Religionis*.[28] Sein Buch hatte bereits große Aufmerksamkeit erregt und sollte mehrere Auflagen und zahlreiche Übersetzungen erleben und so zu einem Bestseller der Reformationszeit werden. Calvin wollte eigentlich nur in Genf übernachten, aber der Pastor der dortigen protestantischen

Gemeinde, Guillaume Farel, flehte ihn an, in der Stadt zu bleiben und bei ihrer Reformation mitzuhelfen. Calvin willigte ein. Dies erwies sich als eine in mehrerlei Hinsicht schicksalhafte Entscheidung. Abgesehen von einer kurzen Zeit des Exils verbrachte Calvin den Rest seines Lebens in Genf und machte es zusammen mit Farel zum wichtigsten Zentrum des reformierten Protestantismus in ganz Europa.

Neben den *Instituten* war die einflussreichste Schrift, die aus Calvins fleißiger Feder geflossen ist, seine *Kirchenordnung*.[29] In einigen wenigen Zügen skizzierte Calvin eine Kirchenordnung, die zum Modell für die reformierten Kirchen in ganz Europa werden sollte.[30] Die wichtigste Einrichtung war der „Kirchenrat" oder das „Presbyterium", ein kollegiales Gremium, das sich aus den Pfarrern der Stadt und etwa einem Dutzend Laien-"Ältesten" oder „Presbytern" aus der städtischen Elite zusammensetzte. Der Kirchenrat hatte unter anderem die Aufgabe, die Moral der Kirchenmitglieder zu überwachen, und konnte Strafen von öffentlichem Bekenntnis bis hin zur vollständigen Exkommunikation verhängen.

Zeitgenössische Historiker unterscheiden oft zwischen „kommunalen" und „obrigkeitlichen" Reformationen, d. h. zwischen Reformationen, die von unten durch das einfache Volk durchgeführt wurden, und solchen, die von oben durch die Magistraten auferlegt wurden. Die von den Bauernaufständischen von 1525 geplante radikale Reformation gehört eindeutig zur ersteren Kategorie, die von Martin Luther inspirierte fürstliche Reformation zur letzteren. Aber wie sieht es mit der Genfer Reformation und den zahlreichen anderen „Städtereformationen" aus? Sie lassen sich keiner dieser beiden Kategorien zuordnen. Sicherlich genossen sie oft ein gutes Ausmaß an Unterstützung bei der Bevölkerung, aber sie wurden letztlich von städtischen Obrigkeiten durchgeführt. Darüber hinaus führten sie zu Kirchenordnungen, die weder als monarchisch noch als demokratisch, sondern als republikanisch oder aristokratisch zu bezeichnen wären: Systeme kollektiver Selbstverwaltung durch kirchliche Funktionäre, die aus den Reihen der Gemeinde ausgewählt wurden. Dies steht in scharfem Gegensatz zu den Kirchenordnungen, die in den lutherischen Fürstentümern von Deutschland und Skandinavien zustande kamen. Dort galt der Landesfürst als kirchliches Oberhaupt, und sein Kabinett hatte das endgültige Sagen in allen wichtigen Fragen, ausgenommen theologischen. Theologische Debatten wurden meist dem Klerus überlassen – es sei denn, dogmatische Streitigkeiten gefährdeten die öffentliche Ordnung.

Bis vor kurzem sprachen Historiker von „der" Reformation im Singular.[31] Heute spricht man von „Reformationen" im Plural, sowohl von einer katholischen Reformation als auch von einer lutherischen, reformierten und radikalen.[32] Die „Katholische Reformation" beginnt mit dem Konzil von Trient (1545–1563). Dort ging es zunächst um die Widerlegung der „Irrtümer" in der protestantischen Lehre, aber auch um die innere Reform der katholischen Kirche. Das Konzil leitete einen Erneuerungsprozess ein, der viele der Missstände, die mit zur Reformation beitrugen, korrigieren sollte. Es führte unter anderem zu einer besseren Priesterausbildung und setzte der Ämterkäuflichkeit in der Kirche ein Ende. Die damit entstandene Kirchenordnung war eine Mischung aus monarchischen und demokratischen Elementen. Einerseits wurde die Macht des Papsttums über die Kirche und der Bischöfe über ihre Diözesen nachdrücklich bekräftigt und auch schrittweise gestärkt. Andererseits wurden auch die Unabhängigkeit der Mönchsorden und die Bildung von Laiengemeinschaften stark gefördert, Institutionen, die oft kollegiale Verwaltungssysteme hatten. Nach Trient wies die katholische Kirchenordnung stärker demokratische Züge auf als die lutherischen, aber eher autoritäre im Vergleich zu den reformierten. Intellektuell widersetzten sich katholische Denker der eher düsteren und pessimistischen Sicht von der Natur des Menschen und der weltlichen Herrschaft, die bei vielen protestantischen Theologen Wurzeln geschlagen hatten, und entwickelten die scholastischen Theorien des Naturrechts und der gemischten Verfassung weiter. Sowohl politisch als auch intellektuell hat die Hauptströmung im sich modernisierenden Katholizismus tendenziell einen Mittelweg genommen. Aber nicht alle katholischen Intellektuellen sind diesem Weg gefolgt. Im Gegenteil, einige werden sich im Zuge der großen Revolutionen der Neuzeit in eine entschieden autoritärere Richtung bewegen.

Die Moderne I: Revolution oder Reaktion?

Im September 1792 fiel die französische Revolutionsarmee in das Herzogtum Savoyen ein und annektierte das kleine französischsprachige, damals vom König von Piemont-Sardinien regierte Fürstentum. Während einige die Revolutionäre als Befreier begrüßten und andere sich ihren neuen Herrschern anpassten, begab sich ein Adelsmann und Rechtsanwalt namens Joseph de Maistre auf die Flucht, statt sich zu unterwerfen.[33] Am königlichen Hof in Turin fand er Unterkunft und Beschäftigung. De Maistre kannte sich in der neueren Philosophie gut aus, er lehnte aber die Französische Revolution entschieden ab. Wie der große englische Kritiker der Französischen Revolution Edmund Burke entwickelte sich de Maistre zu einem gnadenlosen Feind der französischen *philosophes* und einem leidenschaftlichen Verteidiger des Ancien Régime mit seiner „Allianz von Thron und Altar".[34] Er hielt die Monarchie für die einzige „natürliche" Regierungsform, das Papsttum für den einzigen sicheren Felsen der europäischen Einheit und die religiöse Einheit als das einzige solide Fundament für den Staat.

Die Quellen von de Maistres Denken waren vielfältig und widersprüchlich. Wie Burke war er ein Katholik, wenn auch von einem düstereren und blutigeren Schlag. Er gehörte z. B. einem geheimen Bußorden an.[35] Wie Burke neigte er in seinen jungen Jahren einem liberalen Reformertum zu. Im Gegensatz zu Burke hatte de Maistre jedoch von vornherein ein metaphysisch angehauchtes Weltbild.[36] Wie Eusebius war auch er stark vom Neuplatonismus beeinflusst und betrachtete das Christentum als eine Offenbarung ewiger Wahrheiten, die auch manchen heidnischen Philosophen der Antike bekannt waren. Gleichzeitig vertiefte sich de Maistre auch in die dunklen Künste der Astrologie, der Symbologie und der Theurgie, Interessen, die er sich möglicherweise vom mystischen Zweig der Freimaurer angeeignet hat, denen er auch angehörte.

Auch wenn uns einige Quellen seines Denkens heute obskur vorkommen, kommt uns sein Denken in mancherlei Hinsicht überraschend vertraut vor. Dies betrifft z. B. folgende Aspekte:

1) Vorsehung: De Maistre glaubte, dass Gott Kriege und Katastrophen zur Bestrafung und Belehrung der Menschen benutzt und dass alle historischen Ereignisse göttlich geleitet und gewollt sind.

2) Verschwörung: Er glaubte, dass in der Menschheitsgeschichte immer dunkle Kräfte am Werk sind und dass die Französische Revolution durch eine geheime Verschwörung, ein nebulöses Netzwerk von Philosophen, Atheisten, Juden und Jansenisten entfacht wurde, die er „die Sekte" nannte.

3) Anti-Szientismus: Er betrachtete die Erkenntnisse der Natur- und Sozialwissenschaften als von überheblichen Intellektuellen lancierte Lügen und Halbwahrheiten.

4) Populismus: Er glaubte, dass alle wichtigen Wahrheiten dem gesunden Menschenverstand gegeben und dem einfachen Volk am besten bekannt sind.

5) Opfer: Er glaubte an einen zornigen Gott, der nur mit Blutopfern durch die Hände von Soldaten und die Schwerter von Henkern versöhnt werden könne.

6) Antikonstitutionalismus: Er wies alle Begrenzungen oder Teilungen der „Souveränität" zurück; das Hoheitsrecht hielt er für einheitlich und absolut und in der Person eines Monarchen begründet.

Wenn diese Töne heute vertraut klingen, dann vielleicht deshalb, weil sie zu festen Bestandteilen reaktionären Gedankenguts geworden sind. De Maistre war der erste reaktionäre Denker der Neuzeit – aber nicht der letzte. Denn die nächste große Revolution – die Industrielle Revolution – und die von ihr heraufbeschworenen Arbeiterbewegungen sollten eine neue Generation von reaktionären Denkern hervorbringen, wie z. B. den deutschen Staatsrechtler Carl Schmitt.

Die Moderne II: Diktatoren und Demokraten

Schmitts Biografie weist mehrere auffallende Parallelen zu de Maistres auf.[37] Am 9. November 1918 wurde bekanntlich das Deutsche Kaiserreich gestürzt und die Weimarer Republik ausgerufen. Zwei Tage später kapitulierte Deutschland vor den Alliierten und der Erste Weltkrieg ging zu Ende. Am selben Tag wurde auch die Universität Straßburg geschlossen, da die Herrschaft über dieses Gebiet nun an die Franzosen überging. In der Folge verlor ein aufstrebender junger Juraprofessor namens Carl Schmitt seinen dortigen Posten. Es war der Beginn eines stürmischen Jahrzehnts politischer und wirtschaftlicher Instabilität, das in Hitlers Aufstieg zur Macht gipfeln sollte – und auch in Schmitts Konversion zum Nationalsozialismus, dem er bis zum Kriegsende in verschiedenen Funktionen diente. Schmitt überlebte den Krieg, um, wie de Maistre, sowohl linke als rechte Reaktionäre und Romantiker in den folgenden Jahrzehnten zu beeinflussen.

Schmitts Denken ist auf vielerlei Weise interpretiert worden. Er selbst verstand seine Staatsphilosophie als eine säkularisierte Form reaktionärer politischer Theologie im Sinne De Maistres.[38] Mit anderen Worten: eine politische Theologie ohne Gott.[39] Wieso? Zunächst galt es, Gott durch den Herrscher – besser: den Führer – zu ersetzen. Nicht Gott, sondern die weltlichen Herrscher waren nun die Quelle allen Rechts, die Triebfeder der Geschichte und die Schöpfer der Völker. Zweitens galt es, die Kirche durch die Nation zu ersetzen. Wie die Kirche, behauptete Schmitt, beruhe die Nation auf einem ursprünglichen Gewaltakt und regeneriert sich regelmäßig durch vom Souverän befohlene Menschenopfer, sei es auf dem Schafott oder auf dem Schlachtfeld. Ganz sicher beruhe sie nicht auf einem etwaigen Gesellschaftsvertrag oder der vermeintlichen Zustimmung des Volkes, wie es das Narrativ liberaler Demokraten besage.[40] Der Macht des Souveräns mit einem Fetzen Papier – einer Verfassung also – Grenzen setzen zu wollen, sei schlicht unmöglich: Als alleinige Quelle allen Rechts stehe der Herrscher souverän über jedem Gesetz. Ebenso sei es eine bloße Torheit, die Souveränität teilen zu wollen: Am Ende kann es nur eine Entscheidung geben, und sie wird vom Stärksten gefällt. Schmitt ersetzte des Weiteren die Vorsehung durch die Evolution, insbesondere die soziale Evolution mittels Geopolitik. Die internationale Politik bewege sich nicht auf den Weltfrieden zu, wie sich die liberalen Internationalisten seit Kant es vorstellten; sie war und wird immer ein Krieg aller gegen alle um Territorium und Ressourcen sein, ein darwinistischer Kampf um das kulturelle Überleben zwischen konkurrierenden Zivilisationen.[41] Was die nationale Politik betrifft, so hat sie nichts mit Vernunft und Interessen zu tun; sie läuft auf eine „Freund-Feind-Beziehung" hinaus. Schmitts persönliche Feindesliste überschnitt sich in vielen Punkten mit der von de Maistre, obwohl er die Juden anstelle der Jansenisten an die erste Stelle setzte. Schließlich empfanden beide eine mystische Ehrfurcht vor dem einfachen Volk, dem Volksgeist also, dessen politische Instinkte dem abstrakten Räsonieren der Intellektuellen völlig überlegen seien. Der einzige Punkt, an dem Schmitts Denken von de Maistres grundlegend abweicht, ist seine Haltung gegenüber den Naturwissenschaften, deren Errungenschaften nicht mehr geleugnet werden konnten.

Natürlich reagierten nicht alle christlichen Denker der Moderne auf die demokratischen und industriellen Revolutionen in einer so reaktionären Art und Weise. Man denke z. B. an Benjamin Rush (1745–1813), einen der Unterzeichner der Unabhängigkeitserklärung.[42] Als junger Mann wurde Rush stark von der damaligen Erweckungsbewegung („First Great Awakening") beeinflusst. Nach dem Abschluss des Medizinstudiums am damaligen College of New Jersey (heute: Princeton) verbrachte er mehrere Jahre in Edinburgh, wo er mit großen Persönlichkeiten der schottischen Aufklärung wie David Hume verkehrte, sowie in London, wo er den sogenannten „Club of Honest Whigs" frequentierte, einen Kreis republikanisch gesinnter Intellektueller, die sich um Catherine Macaulay versammelten. In London erlebte er sozusagen eine zweite Bekehrung – diesmal zum Republikanismus. Er blieb beiden Glaubensrichtungen – der evangelikalen und der republikanischen – zeitlebens treu. In den Jahrzehnten nach der Amerikanischen Revolution engagierte sich Rush in einer ganzen Reihe von Reformbewegungen, beispielsweise gegen Alkoholismus und Sklaverei und für öffentliche Schulen, Strafvollzugsreform und ökumenische Zusammenarbeit. In all diesen Punkten nahmen Rushs Verpflichtungen die der britischen und amerikanischen Evangelikalen des 19. Jahrhunderts vorweg.

Rush sah keinen Widerspruch zwischen seinen evangelikalen und republikanischen Ansichten. Im Gegenteil. Er sah sie als vollkommen komplementär an. „Republikanische Regierungsformen", so argumentierte er, „sind die besten Aufbewahrungsorte des Evangeliums",[43] denn wahre Religion erfordert Freiheit, und Religions- und Bürgerfreiheit gehören zusammen. Umgekehrt argumentierte er, dass „ein Christ kann nicht verfehlen, ein Republikaner zu sein", weil „das Evangelium jene Grade der Demut, Selbstverleugnung und brüderlichen Güte einschärft, die dem Stolz der Monarchie und dem Prunk eines Hofes direkt entgegengesetzt sind".[44] Tatsächlich glaubte Rush, dass ein republikanischer Staat sich nur in der christlichen Ära voll verwirklichen ließe, denn ohne wahre Religion fehlte den alten Griechen und Römern das nötige Maß an ziviler Tugend. Dennoch blieb er der amerikanischen Tradition der Trennung von ziviler und religiöser Autorität fest verpflichtet. „Menschliche Regierungen mögen vom Christentum Unterstützung erhalten", schrieb er an Thomas Jefferson, „aber diese darf nur von der Liebe zu Gerechtigkeit und Frieden her rühren, die es in den Köpfen der Menschen hervorbringen soll".[45]

Zu Beginn des 20. Jahrhunderts wandten sich einige in der breit gefächerten „evangelikalen" Bewegung von den Sorgen um soziale Gerechtigkeit und politische Freiheit ab.[46] Während dieser dritten amerikanischen Erweckungsbewegung („Third Great Awakening") konzentrierte sich eine neue Generation von Erweckungspredigern zunehmend und manchmal sogar ausschließlich auf die persönliche, außerweltliche Erlösung. Um die gleiche Zeit gewannen auch eschatologische Erwartungen einer unmittelbar bevorstehenden Apokalypse zunehmenden Einfluss unter „fundamentalistischen" Protestanten. Der Millenarismus wurde zum Mainstream.[47] Diese Kehrtwende weg von sozialen und politischen Reformansätzen, hin zu eher personalistischen und außerweltlichen Formen des Protestantismus wurde von neureichen „Raubrittern" und Großindustriellen der Zeit wie John D. Rockefeller begrüßt und unterstützt.

Aber nicht alle Evangelikalen machten diese Kehrtwende mit. Denn dies war auch die Zeit des „sozialen Evangeliums" (engl.: *Social Gospel*), einer Bewegung die Gottes Reich jetzt auf Erden zu errichten versuchte.[48] Ihr einflussreichster Befürworter zu der Zeit hieß Walter Rauschenbusch.[49] Als Sohn eines deutschen lutherischen Einwandererpastors wuchs Rauschenbusch in Rochester, im Bundesstaat New York, auf und verbrachte dort den größten Teil seines Lebens. Er studierte an der Universität Rochester und trat später ihrem Theologischen Seminar bei. Die wichtigsten Erfahrungen seines Lebens machte er in New York, wo er in einer kleinen Einwanderergemeinde im berüchtigten „Hell's Kitchen"-Viertel wirkte, und auch in Berlin, wo er mit der historisch-kritischen Theologie und den großen deutschen liberalen Theologen der Zeit, Adolf von Harnack und Albrecht Ritschl, in Kontakt kam. Diese Erfahrungen wie auch seine Lektüre von großen Reformern der Progressiven Ära wie Henry George zogen ihn in den Bann des Sozialevangeliums. Das erste Produkt dieses intellektuellen Reifungsprozesses war sein viel gelesenes Buch *Das Christentum und die soziale Krise*.[50] Rauschenbusch argumentiert, dass die amerikanischen Kirchen Jesu Botschaft zu eng ausgelegt haben, indem sie sich auf Kosten der Sozialethik auf die Bekehrung und das Jenseits konzentriert hätten. Nach Rauschenbusch ist die christliche Erlösung nicht bloß persönlich, sondern auch „sozial". Man müsse das Reich Gottes nicht bloß im Jenseits, sondern vor allem hier auf Erden suchen, indem man sich bemüht, eine gerechtere Gesellschaft zu schaffen. Konkret hieße das, den vielfältigen Übeln, die der industrielle Kapitalismus hervorgebracht hat, durch politisches Engagement und soziale Reformen zu begegnen. Im weiteren Sinne bedeutete es das Streben nach „einer wachsenden Vollkommenheit im Leben der Menschheit ... und in unserer Bereitschaft, unser Leben als Lösegeld für andere zu opfern".[51] Das Sozialevangelium übte einen bis heute anhaltenden Einfluss auf die Sozialethik des liberalen Protestantismus aus. Seine mächtigsten Exponenten im späteren 20. Jahrhundert waren Theologen und Bürgerrechtler wie Martin Luther King, dessen lyrisches Bild der „geliebten Gemeinschaft" (beloved community) und dessen unerschütterliches Engagement für soziale Gerechtigkeit teilweise von Rauschenbusch inspiriert wurden.

Zwei katholische Reaktionäre und zwei protestantische Progressive: Die skizzierten Porträts laufen Gefahr, alte Stereotype über die politischen Tendenzen der beiden Hauptzweige des westlichen Christentums zu verstärken. Zwei weitere Porträts sollen das Bild abrunden und vervollständigen. Da ist erstens Abraham Kuyper, eine der bemerkenswertesten Figuren der modernen niederländischen Geschichte.[52] Kuyper war unter anderem Pastor der niederländisch-reformierten Gemeinden in Utrecht und Amsterdam, bevor er eine abtrünnige, neocalvinistische Kirche gründete. Er gab zwei große Zeitungen heraus, eine Tageszeitung und eine Monatszeitung, gründete die erste protestantische politische Partei in Europa, die „Anti-Revolutionären", war als Abgeordneter im niederländischen Parlament und dann als Ministerpräsident der Niederlande tätig und gründete eine neue „freie" Universität in

Amsterdam. Unterdessen schrieb er Tausende von Zeitungsartikeln sowie einige mehrbändige Werke zur systematischen Theologie und hielt vielbeachtete Vorträge an berühmten britischen und amerikanischen Universitäten, die ihm bis heute viele Anhänger in der anglophonen Welt sicherten.

Politisch positionierte sich Kuyper in der Mitte zwischen säkularen Progressiven auf der einen Seite und Wirtschaftskonservativen auf der anderen.[53] Er fand, dass Progressive und Konservative ihre Inspiration aus derselben Quelle schöpften: der Französischen Revolution, die das „historische Christentum" ablehnte und den ungezügelten Individualismus feierte. Deshalb nannte er seine neue politische Partei „Anti-Revolutionäre". Kuyper war freilich nicht gegen alle Revolutionen. Insbesondere feierte er den niederländischen Aufstand, den englischen Bürgerkrieg und den amerikanischen Unabhängigkeitskrieg als „defensive" Revolutionen, die die Einzelrechte und die Religionsfreiheit verteidigten. In dieser Hinsicht, wie in vielen anderen, war Kuyper ein Verfechter all dessen, was heute als „klassischer Liberalismus" bezeichnet wird. Er sprach sich beispielsweise für eine klare Trennung von Kirche und Staat und für eine klare Begrenzung der Staatsgewalt aus. Aber seine politischen Ansichten waren eher in der reformierten Theologie Calvins als in der politischen Philosophie Lockes begründet und wichen in mehrfacher Hinsicht vom klassischen Liberalismus ab. Wiewohl er sich zum Beispiel stark gegen staatlich gelenkte Sozialleistungen – kurz: den damals im Entstehen begriffenen Wohlfahrtsstaat – wandte, befürwortete er dennoch die Macht der Gewerkschaften und die Rechtsgültigkeit von Tarifverhandlungen. Ebenso lehnte er die liberalen Forderungen nach einer öffentlichen Schulpflicht ab und forderte – und gewann – öffentliche Subventionen für religiöse Schulen. Kuypers Politik war, zumindest aus heutiger Sicht, eine sehr widersprüchliche.

Theologisch ist Kuyper wohl am besten bekannt für seine Doktrin der „Sphären-Souveränität". Kuyper wies die absolutistischen Staatstheorien von de Maistre und Schmitt und anderen aus zwei Gründen vehement zurück: Erstens gäbe es keine weltlichen Quellen der Souveränität, weder monarchische noch populäre oder sonstige: Alle weltliche Souveränität entstamme der göttlichen; zweitens sei die weltliche Souveränität nicht einheitlich; sie wird nicht einer einzigen Person oder Instanz übertragen, sondern ist in mehrere „Sphären" (Wirtschaft, Familie, Kultur usw.) aufgeteilt, die wiederum ihre eigenen Gesetze und Instanzen haben. Der Staat müsse zwar die Rolle eines Schiedsrichters spielen und im Konfliktfall unter den Sphären manchmal eingreifen, er dürfe aber niemals versuchen, sie zu beherrschen.

Drei andere Lehren sind für Kuypers politische Theologie mindestens genauso wichtig: „doppelte Prädestination", ontologischer „Pluralismus" und „allgemeine Gnade". Die doppelte Prädestination ist die harte Lehre in den Theologien des Augustinus und Calvins, die Lehre, dass die einen durch Gottes ewiges und unergründliches Dekret gerettet und die anderen verdammt sind. Es gibt keine Möglichkeit, den eigenen und endgültigen Status mit Sicherheit zu erkennen. Kuyper hielt an diesem Glaubenssatz Calvins fest. In seiner Ekklesiologie war er jedoch radikaler Pluralist. Es gebe nicht „eine einzige, wahre Kirche", sagte er, nicht seine oder irgendeine andere, sondern viele verschiedene Manifestationen des Christentums, die sich jeweils an ihren besonderen Ort und ihre Zeit anpassen. Obwohl Kuyper kaum frei war von dem anti-katholischen Nationalismus, der für den niederländischen Protestantismus seiner Zeit typisch war, war er aber aufgrund seiner Lehre von der „allgemeinen Gnade" in jeder Hinsicht vorbereitet, für das Gemeinwohl mit anderen Christen und auch Nicht-Christen zusammenzuarbeiten. Auch wenn Nicht-Christen die rettende Gnade, die das ewige Leben bringe, nicht erfahren konnten, so profitieren sie doch von der „allgemeinen Gnade", die Gott der gefallenen Welt schenke und die alle Menschen zu moralischen Wesen mache, die in der Lage sind, im Interesse des zivilen Friedens und des Gemeinwohls miteinander zu kooperieren. Aus all diesen Gründen ließ sich Kuypers politische Theologie mit einer liberal-demokratischen Politik gut vereinbaren.

Die liberale Demokratie hatte damals kaum Verfechter innerhalb der katholischen Kirche. Im Gegenteil, sowohl Papst Pius IX. als auch Leo XIII. hatten das Ideal des „konfessionellen Staates" bekräftigt, d. h. eines Staates, der den Katholizismus als das bevorzugte oder alleinige Glaubensbekenntnis begünstigte und gleichzeitig andere Formen des Christentums diskriminierte oder sogar verbot. Beide Päpste vertraten eine gleichermaßen harte Linie gegen sozialistische Bewegungen und Parteien, obwohl Leo XIII. in seiner berühmten Enzyklika *Rerum Novarum* auch den ungehemmten Kapitalismus einer scharfen Kritik unterzog. Erst mit dem Aufkommen von Faschismus und Nazismus begannen einflussreiche katholische Denker theologisch Stellung zugunsten der liberalen Demokratie zu beziehen. Der französische Laientheologe Jacques Maritain war unter ihnen sicherlich der wichtigste.[54] Maritain wurde in Paris geboren und wuchs in einem liberal-protestantischen Milieu auf. Als junger Mann studierte er sowohl Biologie als auch Philosophie. Zunehmend desillusioniert vom Szientismus und Materialismus der Zeit, fanden er und seine Frau, die russisch-jüdische Emigrantin Raïssa Oumançoff, eine intellektuelle und spirituelle Heimat in der katholischen Kirche. Nach seiner Bekehrung zum Katholizismus begann Maritain das Werk von Thomas von Aquin zu lesen. Leo XIII. hatte den Thomismus zur offiziellen

Philosophie der katholischen Kirche gemacht, und Maritain machte sich zu einem seiner wichtigsten Interpreten.

Wie der Aquinate selbst deckte Maritain in seinen Schriften alle wichtigen Zweige der modernen Philosophie ab, aber es ist seine politische Philosophie, die in diesem Zusammenhang von Interesse ist. Seine besondere Leistung war es, eine katholische Theorie der Menschenrechte zu entwickeln,[55] die auf einer Theologie des „Personalismus" [56] beruhte. Es gibt viele Varianten des Personalismus, katholische und nicht-katholische, religiöse und säkulare.[57] Maritain hat sich stark auf Thomas und damit auf Aristoteles berufen. Wie die beiden großen Philosophen ging auch Maritain davon aus, dass der Mensch ein geistiges Ganzes sei, der nicht auf seine materiellen Anteile reduziert werden kann, und dass sein „Glück" oder „Gedeihen" (*eudaimonia*) ein spirituelles Element hat. Der Mensch unterscheidet sich von anderen Tieren auch insofern, als er angeborene Fähigkeiten für Freiheit und Vernunft besitzt, Fähigkeiten, die zwar kultiviert und entwickelt werden müssen, die es aber dem Menschen erlauben zu entscheiden, was er tun und wer er sein will. Aus all diesen Gründen muss der Mensch als Person auch als Selbstzweck und nicht nur als Mittel zu anderen Zwecken behandelt werden. So wurde Maritain zu einem profilierten und wirkmächtigen Verfechter der Menschenrechte und war auch bei der Ausarbeitung der Menschenrechtserklärung der Vereinten Nationen von 1948 involviert.

Maritain verteidigte die Demokratie auch in anderen Hinsichten. Er befürwortete die Einschränkung der Staatsgewalt durch eine Verfassung, wie in den Vereinigten Staaten, wo er die letzten Jahrzehnte seiner Laufbahn verbrachte. Das tat er mit der Begründung, dass der autoritäre Staat zu einer Art von politischem Götzendienst verführe, bei dem der Herrscher wie ein Gott behandelt würde. Die totalitären

Machthaber der Mitte des 20. Jahrhunderts – Mussolini, Hitler und Stalin – lieferten die paradigmatischen Beispiele für diese Gefahr. In den Fußstapfen von Leo XIII. und späteren arbeitnehmerfreundlichen Katholiken sprach sich Maritain auch für soziale Reform, wenn nicht gar für eine sozialistische Politik aus. Auf diese Weise half er mit, die Weichen für die christdemokratischen Parteien der Nachkriegszeit zu stellen, die eine familienfreundlichere Vision des Wohlfahrtsstaates entwickeln sollten, welche sich von der sozialdemokratischen nur in Details unterschied. Was Maritain jedoch versäumte, war, eine überzeugende Verteidigung der repräsentativen Demokratie zu verfassen. Im Gegenteil, er ging so weit zu suggerieren, dass nichtdemokratische Regimes mit der katholischen politischen Theologie vereinbar seien, solange sie die Menschenrechte schützten. Im Gegensatz zu Kuyper hat er auch keine robuste Verteidigung des kulturellen Pluralismus entworfen. Im Gegenteil, Maritain beharrte darauf, dass das Christentum der verborgene Motor der Demokratisierung sei, und übersah dabei nicht nur die vorchristlichen Wurzeln der westlichen Demokratie, sondern auch die nicht-demokratischen Einflüsse innerhalb des westlichen Christentums.

Wie dem auch sei, es ist nicht ausreichend, konfessionelle Spaltungen mit politischen gleichzusetzen, indem man auf der einen Seite Katholizismus mit Autoritarismus gleichsetzt und auf der anderen Seite Protestantismus mit Demokratie. Man darf nicht vergessen, dass sich katholische Denker im 20. Jahrhundert mit Nachdruck in Richtung Demokratie bewegten und dass einige protestantische Denker die Forderungen der Sozialdemokratie viel langsamer anerkannten und wieder andere sich als allzu anfällig für die Schmeicheleien autoritärer Führer erwiesen.

Schlussfolgerung: Souveräner Gott oder dreieiniger Gott?

Ist das Christentum demokratisch? Wie mittlerweile klar sein sollte, kann es keine einfache Antwort auf diese Frage geben. Bestimmte Formen des Christentums haben eine „Wahlverwandtschaft" mit bestimmten Bestandteilen der Demokratie, andere aber mit autoritärer Politik. Was das Letztere betrifft, können wir sagen, dass eine Form des Christentums einen Hang zum Autoritarismus hat, wenn und soweit sie Folgendes beinhaltet:

1) *Ein unitarisches Bild von Gott als eines absoluten Monarchen*, von dem Souveränität, Recht und Autorität hinabkommen durch politische Führer, anstatt aufzusteigen durch politische Völker. Eine solche Sicht kämpft gegen die Volkssouveränität, die gesetzlichen Beschränkungen der politischen Macht und die soziale Gleichheit.

2) *Ein deterministisches Verständnis der göttlichen Vorsehung*, bei dem historische Ereignisse übernatürlich bestimmt sind und menschliches Handeln letztlich keine Rolle spielt. Ein solches Verständnis impliziert, dass „instituierte Autorität" immer legitim ist und dass der Widerstand des Volkes gegen eine solche Autorität immer unrechtmäßig ist.

3) *Eine voluntaristische Heilslehre*, nach der die Heilsmittel (d. h. die Sakramente oder der Glaube) bekannt sind, ebenso wie der eigene ewige Status. Eine solche Theorie impliziert, dass die Erlösung erzwungen werden kann und dass der endgültige Schicksalsstatus einer Person mit absoluter Gewissheit erkannt werden kann.

4) *Eine buchstäbliche Interpretation der biblischen Prophetie*, die für die nahe Zukunft einen endgültigen Kampf zwischen den menschlichen und übermenschlichen Kräften von Gut und Böse voraussieht. Eine solche Interpreta-

tion kann in Richtung eines überweltlichen Quietismus führen, der sich politisch nicht engagiert, oder in Richtung eines weltlichen Kreuzzuges gegen die (angeblichen) Kräfte des Bösen driften.

Umgekehrt können wir sagen, dass eine bestimmte Form des Christentums eine Affinität zur Demokratie hat, soweit die folgenden Punkte zutreffen:

1) *Ein nicht-unitarisches Bild eines dreieinigen Gottes als konstitutioneller Monarch*, der aus mehreren Stimmen besteht, der sich an das Gesetz bindet und dessen Souveränität sich im Willen der Religionsgemeinschaft als Ganzes manifestiert. Eine solche Sicht passt gut zu einer republikanischen Politik, die auf kollektiver Beratung, Rechtsstaatlichkeit und Volkssouveränität beruht.

2) *Ein prozessuales Verständnis der menschlichen Geschichte als ein Austausch zwischen Gott und seinen Anhängern mit offenem Ausgang*, in dem alle Menschen mit Vernunft und Willen begabt sind, aber von Selbstliebe und Herrschaftswille angetrieben werden. Folglich hat das gemeine Volk das Recht und die Fähigkeit, sich gegen die instituierte Autorität zu wehren, wenn diese korrupt und ungerecht ist.

3) *Eine erkenntnistheoretische Demut hinsichtlich der persönlichen Erlösung*, so dass sich niemand des letztendlichen Schicksals des anderen sicher sein kann, auch nicht des eigenen. Vielleicht hat Gott unser Schicksal bereits entschieden, wie Calvin lehrte. Vielleicht berücksichtigt er unsere Umstände, wie einige Katholiken glauben. Oder vielleicht ist die Erlösung universell, wie die Unitarier lehren. Wir können es nicht wissen und sollten nicht urteilen.

4) *Ein postmillennaristisches Verständnis der biblischen Prophetie*, in dem den Menschen aufgetragen wird, das

Reich Gottes zu bauen, sie aber nicht in der Lage sind, das verheißene Land zu erreichen, und ihnen befohlen wird, sich um eine gerechte Welt zu bemühen, im Wissen darum, dass ihnen das niemals restlos gelingen wird. Das Reich Gottes ist vielleicht nicht von dieser Welt, aber es muss zuerst dort gesucht werden.

Mit diesen Kriterien brachten die Neuengland-Puritaner eine demokratische politische Theologie in die Neue Welt. Sie glaubten, dass sie durch einen heiligen Bund an ihren Gott gebunden seien, dass der Erfolg ihrer „Botengänge in der Wüste" ungewiss sei, dass das Urteil Gottes zu fürchten sei und nicht bekannt sein könne und dass man sie mit dem Bau einer „Stadt auf einem Berg" beauftragt habe.

Wie steht es um die politische Theologie ihrer selbsternannten Nachfahren, der amerikanischen Evangelikalen? War sie auch demokratisch? Gilt dies noch?

TEIL II
Wechselnde Chemie: Christentum und Demokratie in der amerikanischen Geschichte

KAPITEL 3
Auf Wiedersehen, Tocqueville?

Am 2. April 1831 verließen zwei junge Franzosen den Hafen von Le Havre und begaben sich auf den Weg in die Neue Welt.[1] Sie kamen fünf Wochen später in Newport, Rhode Island, an. Der angebliche Zweck ihrer Reise war eine Untersuchung des amerikanischen Gefängnissystems. Ihr eigentliches Ziel war aber die Erkundung des amerikanischen politischen Systems. In den folgenden neun Monaten durchquerten sie die junge Republik und interviewten Dutzende von Amerikanern aus allen Gesellschaftsschichten. Mit Postkutsche, Pferd und Fähre folgten sie den Großen Seen bis nach Green Bay im heutigen Wisconsin, reisten dann zurück an die Ostküste und weiter Richtung Süden nach Philadelphia und schlossen ihre Reise schließlich mit einer Schleife durch den unteren Mittleren Westen und die Südstaaten ab. Der eine wird einen vielbeachteten Roman über die Rassenbeziehungen in den Vereinigten Staaten schreiben, der andere eine soziologische Analyse der amerikanischen Demokratie. Sie hießen Gustave Beaumont und Alexis de Tocqueville.

Heute wird Beaumont, wenn überhaupt, meist als Tocquevilles Reisegefährte erwähnt; Tocqueville hingegen wird weit über seine Zeit hinaus als einer der schärfsten Beobachter des amerikanischen Lebens im 19. Jahrhundert gefeiert. Selbst zweihundert Jahre später erkennt sich mancher amerikanische Leser immer noch wieder bei der Lektüre bestimmter Passagen in Tocquevilles *Demokratie in Amerika*. Wie lange wird dieser Wiedererkennungseffekt noch eintreten? Denn was von Tocquevilles Amerika noch existiert (und wie lange es noch existieren wird), ist nicht klar.

Christentum und Demokratie in Tocquevilles Amerika

Wie war dieses Amerika, das Amerika, so wie Tocqueville es beobachtete und beschrieb? Was den damals erst 25-jährigen Adelsmann in Erstaunen versetzte, war unter anderem die symbiotische Beziehung zwischen Christentum und Demokratie in dem jungen Land. In seiner Heimat Frankreich gingen sich Katholiken und Republikaner seit den ersten Jahren der Revolution gegenseitig an die Kehle.[2] In den Vereinigten Staaten hingegen existierten religiöser Glaube und republikanische Regierung nicht nur friedlich nebeneinander, sie schienen sich sogar gegenseitig zu stärken. Tocqueville führte dafür vier unterschiedliche Gründe an.

Der erste war eine grundlegende *moralische Einheit*, die sich aus einem (weit verbreiteten, wenn nicht gar universalen) gemeinsamen christlichen Glauben ergab.[3] So sehr die Amerikaner in den Feinheiten der religiösen Lehre auch miteinander uneins waren, so sehr waren sie sich jedoch in grundlegenden Fragen der Moral einig, was ihrer öffentlichen Debatte und ihrem persönlichen Verhalten klare Grenzen setzte. Manche Themen waren einfach indiskutabel, so wie manches Verhalten einfach nicht geduldet wurde. Dies fand Tocquevilles Zustimmung, denn demokratische Selbstverwaltung erfordert ein gewisses Maß an öffentlicher Moral und persönlicher Zurückhaltung.

Der zweite Grund, den Tocqueville anführte, war der weit verbreitete Glaube an die Möglichkeit moralischen und *sozialen Fortschritts*, was dazu beitrug, Reformbewegungen verschiedener Art voranzutreiben.[4] Obwohl Tocqueville selbst die religiösen Wurzeln dieses Fortschrittsglaubens nicht bemerkt zu haben scheint, hatte er dennoch eine theologische Grundlage: die Lehre, die heute als „Postmillennarismus" bekannt ist, d. h. den Glauben, dass die Christen in

Vorbereitung auf die Wiederkehr Christi das Reich Gottes auf Erden errichten müssen.[5]

Der dritte von Tocqueville formulierte Grund für die Komplementarität von Christentum und Demokratie war der starke Glaube an die in den Evangelien verwurzelte *Gleichheit der Menschen*.[6] Tocqueville glaubte, dass dies den Amerikanern eine gewisse Immunität gegen Demagogie und andere Formen des politischen Götzendienstes einimpfte, und dass sie daher einen Verfassungsstaat der autoritären Herrschaft vorzuziehen wussten. Denn Gott, nicht der Mensch, war der Ursprung aller Macht, und das menschliche Gesetz wurde durch das göttliche Gesetz begrenzt.

Der vierte und letzte Grund – aus Tocquevilles Sicht vielleicht der wichtigste von allen – war die *Trennung von Kirche und Staat*, da sie die priesterliche Schicht dazu veranlasste, eine gewisse Distanz zur Parteipolitik zu wahren.[7] Diese politische Norm sei so wichtig, dass sie oft gesetzlich verankert sei: In vielen amerikanischen Staaten war es den ordinierten Geistlichen verfassungsmäßig verboten, ein gewähltes Amt zu bekleiden.

Hat Tocquevilles Amerika jemals wirklich existiert? Es fällt nicht schwer, Gegenbeweise vorzuführen. Was die moralische Einheit betrifft, zum Beispiel, waren amerikanische Christen bereits über die Moral der Sklaverei zerstritten, nicht zuletzt weil viele amerikanische Christen noch Sklaven waren. Und als diese Frage durch den Bürgerkrieg geklärt schien, stritten sie sich über die Moral des Alkoholkonsums. Die erste Debatte spaltete die Christen der Nord- und Südstaaten, die zweite Christen protestantischer und katholischer Gesinnung.

Auch waren nicht alle Amerikaner Postmillennaristen.[8] Bereits 1833, nur zwei Jahre vor der Veröffentlichung des ersten Bands von *Demokratie in Amerika*, kündigte ein baptistischer Laienprediger namens William Miller an, dass die Wiederkehr Christi in genau zehn Jahren stattfinden würde. Viele seiner Anhänger verkauften ihre irdischen Besitztümer und warteten auf einem Hügel auf die Wiederkunft Christi vom Himmel.

Auch war die Sklaverei kaum die einzige Ausnahme im amerikanischen Egalitarismus. Die Heldenverehrung war eine andere. Zum Zeitpunkt des Todes von Thomas Jefferson und John Adams hatte sich um die Gründerväter und die Gründungsdokumente ein Personen- und Reliquienkult etabliert, was die Tür öffnete für populistische Demagogen wie Andrew Jackson, die behaupteten, für die „echten Amerikanern" und gegen die betrügerischen Eliten zu sprechen.[9] Tocqueville nahm die egalitäre Seite von Jacksons Amerika ganz deutlich wahr, zeigte sich aber erstaunlich blind gegenüber dem autoritären Aspekt.

Was die klerikale Beteiligung an der Parteipolitik betrifft, so hätte Thomas Jefferson gegen Tocquevilles Behauptungen Einspruch erhoben.[10] Schließlich hatten klerikale Verfechter der „Federalist"-Partei wie der Yale-Präsident Timothy Dwight alles versucht, um zu verhindern, dass Jefferson 1800 ins Weiße Haus kam: Sie beschimpften ihn als Atheisten und Ungläubigen und gar als Frankophilen!

Dennoch hatte auch Tocqueville nicht ganz Unrecht. Auch wenn das Verhältnis zwischen Religion und Politik in Amerika viel spannungsvoller war, als er es beobachtete, war es natürlich ganz anders als in der Alten Welt. Dort sahen viele Menschen Christentum und Republikanismus im krassen Gegensatz zueinander.[11] Auf der einen Seite befanden sich reaktionäre christliche Denker wie Joseph de Maistre,[12] auf der anderen Partisanen der „radikalen Aufklärung", die Religion als „Aberglauben" abtaten.[13] Solche Meinungen waren in den Vereinigten Staaten zu Beginn des

19. Jahrhunderts noch recht selten. Die meisten Amerikaner betrachteten das Christentum nicht nur als kompatibel mit der republikanischen Politik, sondern auch mit der Vernunft der Aufklärung.[14] Wenn es also Tocquevilles Ziel war zu zeigen, wie sich die amerikanische Republik von Kontinentaleuropa unterscheidet, dann ist ihm dies zweifellos gelungen.

So weitsichtig er auch war, auch Tocqueville hatte seine Scheuklappen. Er war so sehr darauf fixiert, die Vereinbarkeit von Christentum und Demokratie in Amerika aufzuzeigen, dass er nicht erkannte, dass das Christentum Hierarchie und Monarchie ebenso gut integrieren konnte. Seine Scheuklappen verhinderten auch, der Möglichkeit ins Auge zu sehen, dass die lange und glückliche Wahlverwandtschaft zwischen Christentum und Demokratie eines Tages versauern könnte.

In diesem Kapitel geht es darum, den allmählichen Prozess der Entfremdung zu beschreiben, der Christentum und Demokratie in den USA an den Rand der Spaltung gebracht hat, und genauer zu erklären, wie und warum so viele amerikanische Christen sich von einem offen autoritären und antidemokratischen Führer wie Donald Trump angezogen fühlen.

Tocquevilles Analyse weist uns auf vier wichtige Gründe für diese Spaltung hin: 1) den stetigen Niedergang des liberalen Protestantismus, der in den 1960er Jahren begann, und die rasche Auflösung des moralischen Konsenses, der bald darauf folgte; 2) die Umwandlung des christlichen Postmillennarismus in einen säkularen Progressivismus und den damit einhergehenden Aufstieg des christlichen Prämillennarismus; 3) den Niedergang kleiner, demokratisch regierter Kirchen, die oft Schulen der Demokratie waren, und parallel dazu den Aufstieg großer professionell geführter Kirchen, die Bühnen für charismatische Prediger und Massenunterhaltung sind; und 4) den Zusammenbruch eines ökumenischen religiösen Zentrums, das sich auf bürgerliche Reform konzentrierte, und den Aufstieg eines sektiererischen, religiösen Konservatismus, der sich auf die Wahlpolitik konzentrierte. Dieses Kapitel konzentriert sich auf die ersten drei Entwicklungen. Die vierte wird anschließend in Kapitel 4 aufgegriffen.

Vom moralischen Konsens zum Kulturkampf

Dass Amerika bald ein „Mehrheit-Minderheits-Land" sein wird, wo die nicht-weißen „Minderheiten" die Mehrheit stellen, ist mittlerweile ein Klischee geworden. Dass Protestanten zu einer Minderheit im Lande geschrumpft sind, hört man demgegenüber nur selten. Und doch ist diese Verschiebung in der religiösen Landschaft Amerikas ebenso grundlegend wie die Verschiebung der ethnischen Zusammensetzung.[15] Seit der Kolonialzeit sind die Protestanten in Amerika in der Mehrheit. Am Vorabend der Amerikanischen Revolution betrug der Anteil der Katholiken an der Bevölkerung in Neuengland und in den Südstaaten weniger als 0,1 %.[16] Bis 1890 war die katholische Kirche zwar zur größten Denomination in den Vereinigten Staaten geworden, denn die protestantischen Fraktionen waren stark zersplittert. 1916 machten die Katholiken jedoch noch immer nur 16 % der Gesamtbevölkerung aus.[17] Diese Zahlen haben sich in den folgenden sechzig Jahren auch nicht wesentlich verändert. Fast zwei Drittel der amerikanischen Bevölkerung bekannten sich 1975 noch zum Protestantismus.[18]

Diese Zahlen aus dem Jahr 1975 verdeckten jedoch zwei grundlegende Veränderungen, die in den 1960er Jahren ihren Anfang nahmen. Zunächst zu nennen ist der rasante Niedergang des sogenannten „Mainline-Protestantismus".[19] Benannt nach der Pendlerlinie, die die wohlhabenden westlichen Vororte von Philadelphia mit dem Handelszentrum der Stadt verbindet, umfasste „die Mainline" die älteren Konfessionen aus der Kolonialzeit (z. B. kongregationalistisch, episkopalistisch, presbyterianisch) sowie auch einige der theologisch liberaleren von den späteren Ankömmlingen (z. B. Lutheraner, Quäker und Unitarier). Wie die Bewohner entlang der „Mainline" in Philadelphia waren die Mitglieder der protestantischen „Mainline" tendenziell besser ausgebildet und wohlhabender als die restliche Bevölkerung. Sie stellten „das Establishment". Der amerikanische Historiker David Hollinger erklärt: „Personen, die zumindest nominell mit diesen [Mainline-]Konfessionen verbunden waren, kontrollierten alle Zweige des Staates und den größten Teil der Geschäftswelt sowie die wichtigsten Kultur- und Bildungseinrichtungen der Nation und unzählige ländliche und städtische Institutionen".[20]

Dann geschah etwas Seltsames: Die Zahlen der „Mainline"-Protestanten gingen rapide zurück. Über die Ursachen dieses Rückgangs streiten sich Historiker und Soziologen, wie auch Pastoren und Theologen. Über die bloße Tatsache des Rückgangs der „Mainline" kann es jedoch keine Diskussion geben.[21] Gegenüber Meinungsforschern erklärte 1973 mehr als ein Viertel der US-Bevölkerung, dass sie der „Mainline" angehörten, etwas mehr als jene, die sich damals als evangelische Protestanten identifizierten. Vierzig Jahre später hat sich der Anteil der „Mainliner" fast halbiert. Unterdessen hatte sich der Anteil der evangelischen Protestanten leicht erhöht auf etwa 25 %.

So kommt man zur zweiten großen Veränderung, die diese Ära mit sich bringt: dem Aufstieg des evangelikalen Protestantismus. Konservative Evangelikale führen diese Verschiebung gerne auf religiöse Bekehrungen zurück, vor allem auf Überläufer aus dem Mainline-Protestantismus. Obwohl Bekehrungen und Überläufer tatsächlich eine gewisse Rolle

spielten, haben Religionssoziologen immer wieder festgestellt, dass das Wachstum der Evangelikalen im späten
20. Jahrhundert vor allem auf zwei andere Ursachen zurückzuführen ist. Erstens demographische Entwicklungen: Evangelikale hatten einfach mehr Kinder als jede andere religiöse
Gruppe, mehr als ihre Erzrivalen, die liberalen Mainliner,
aber auch mehr als die kinderreicheren Katholiken und
schwarzen Protestanten.[22]

Der zweite Faktor des evangelikalen Wachstums war die
erfolgreiche Bindung erwachsener Kinder.[23] Um die Bedeutung dieses Faktors zu verstehen, müssen wir einen kurzen
Blick in die Geschichte zurückwerfen. In den USA unterlag
die Religionszugehörigkeit lange einem „Rolltreppeneffekt".
Das kirchliche Leben wurde nach Klassenzugehörigkeit ge-
staffelt, und die soziale Mobilität brachte normalerweise die
religiöse Mobilität mit sich.[24] Mit dem Aufstieg der Eltern
und ihrer Kinder in der sozialen Klassenhierarchie fand
auch ein Aufstieg in der konfessionellen Hierarchie statt.[25]
Auf diese Weise wurde der erfolgreiche Sohn beispielsweise
eines Baptisten aus der Arbeiterklasse zu einem bürgerlichen
Methodisten oder sogar zu einem episkopalistischen Mit-
glied des Bildungsbürgertums. Ab den 1960er Jahren spran-
gen dann die Kinder von „Mainlinern" von der Rolltreppe
ab. Anstatt aufzusteigen sind sie ausgestiegen. Unterdessen
fuhr der Nachwuchs aus evangelikalen Haushalten nicht
mehr auf der Rolltreppe mit, sondern eher auf einem Roll-
band weiter. Sein durchschnittliches Bildungs- und Einkom-
mensniveau verbesserte sich, der Nachwuchs war erfolgreich, doch wechselte er nicht zu prestigeträchtigeren
Konfessionen.

Zusammenfassend schätzt der Religionssoziologe Mark
Chaves, dass etwa 80 % des evangelikalen Wachstums in
den 1970er und 1980er Jahren auf hohe Geburten- und Ver-

bleibs-Quoten und nur 20 % auf Bekehrungen und Konfessionswechsel zurückzuführen waren.[26] Darüber hinaus, fügt er noch hinzu, scheint dieses Wachstum Anfang bis Mitte der 1990er Jahre zum Stillstand gekommen zu sein, nicht zuletzt als Folge der sinkenden Geburtenrate bei weißen evangelikalen Protestantinnen. Es blieb nicht aus, dass in den letzten Jahren die Zahl der Evangelikalen tatsächlich – wenn auch sehr langsam – zu schrumpfen begann.

Die am schnellsten wachsende Gruppe sind heute die sogenannten „Nones", diejenigen also, die in Umfragen angeben, dass sie „keine Religionszugehörigkeit" haben. Einigen Schätzungen zufolge gibt es inzwischen sogar mehr „Nones" als Evangelikale.[27] Besonders zahlreich sind sie bei den jüngeren Generationen vertreten. Die „Nones" sind jedoch nicht zwangsläufig Atheisten. Die meisten glauben an eine „höhere Macht" und/oder behaupten, „spirituell" zu sein. Was sie indes ganz entschieden ablehnen, ist der Evangelikalismus. Tatsächlich stellen sozialwissenschaftliche Studien immer wieder fest, dass Feindseligkeit gegenüber dem christlichen Konservatismus sehr stark mit dem „None"-sein zusammenhängt.[28] Es scheint, dass viele „Nones" jegliche kirchliche Religion ablehnen, weil sie diese mit politischem Konservatismus gleichsetzen. Nicht ganz zu Unrecht, wie das nächste Kapitel zeigen wird.

Zusammenfassend sieht die historische Entwicklung folgendermaßen aus: Im Jahr 1975 waren die Protestanten noch in der Mehrheit und die Evangelikalen im Aufstieg begriffen. Die Evangelikalen wurden langsam zum neuen Establishment, zumindest in der Politik, wenn nicht in der Kultur. Im Jahr 2015 waren die Protestanten aber zur Minderheit geworden, das Wachstum im evangelikalen Lager kam zum Stillstand. Nun waren es die „Nones", die im Aufstieg begriffen zu sein schienen, eine Gruppe, die sich radikal gegen die

Ansichten der Evangelikalen stellte, und zwar nicht nur in Bezug auf die Sexualmoral, sondern auch in Bezug auf die Wirtschafts- und Außenpolitik.

Die konservativen Evangelikalen haben dieser Entwicklung nicht passiv zugesehen. Vielmehr suchten sie Verbündete unter konservativen Katholiken und Juden, die ihre Ansichten über Sexualmoral und Außenpolitik teilten.[29] So wurde die evangelikale Rechte zur religiösen Rechten.

Dennoch blieben die Evangelikalen zutiefst besorgt. Die Tiefe ihrer Ängste spiegelte sich in den Ergebnissen einer Umfrage über die Einstellung der Amerikaner zu den Rechten von LGBTQ-Leuten wider, die im Februar 2017 vom Public Religion Research Institute veröffentlicht wurde.[30] Die Untersuchung stellte fest, dass die große Mehrheit der weißen Evangelikalen der Meinung war, dass amerikanische Christen größerer Verfolgung ausgesetzt seien als amerikanische Muslime – dies wohlgemerkt nur wenige Wochen nach der Amtseinführung von Donald Trump und der Ankündigung seines „Muslim-Banns", der den Bürgern verschiedener mehrheitlich muslimischer Länder die Einreise in die Vereinigten Staaten untersagte.

Außenstehenden muss dieses Umfrageergebnis absurd erscheinen. Zwar ist es unbestritten, dass Christen in manchen Teilen der Welt (z. B. im Nahen Osten und in Afrika) heute schwerer Verfolgung ausgesetzt sind. Aber trifft dies auch auf amerikanischen Christen auf amerikanischem Boden zu? Kann man ihre Situation wirklich vergleichen mit derjenigen amerikanischer Muslime nach 9/11?

Der evangelikale Verfolgungskomplex ist eine Antwort nicht nur auf die sich rasch verändernde religiöse Demografie des heutigen Amerika, sondern auch auf die wachsende Zahl säkularer Progressiver, die konservativen Evangelikalen feindlich gesinnt sind.[31] Hinzu kommen die rechtlichen und politischen Siege, die die Progressiven in den Kulturkämpfen der letzten Zeit erzielt haben, allen voran das Recht gleichgeschlechtlicher Paare auf Eheschließung und die Auffächerung von sexuellen Identitäten.

Der Verfolgungskomplex hat auch tiefe Wurzeln im kollektiven Gedächtnis der evangelikalen Gemeinschaft. Die zur „low church" zählenden protestantischen Sekten, denen die heutigen Evangelikalen entstammen, waren in der Tat in unterschiedlichem Maße Verfolgungen ausgesetzt, zuerst im Europa der Reformationszeit, später auch im kolonialen Amerika. Im 18. und 19. Jahrhundert erfuhren sie auch soziale und intellektuelle Herablassung vonseiten der Bessergestellten.

Die Ironie liegt darin, wie der Soziologe Christian Smith erhellend anmerkt, dass dieser Verfolgungskomplex dem amerikanischen Evangelikalismus in der Tat recht nützlich gewesen ist.[32] Evangelikale, so zeigt Smith, sind zugleich „bedrängt und selbstbewusst" (embattled and thriving), genauer gesagt, sie gedeihen zum Teil gerade deshalb, weil sie unter Bedrängnis stehen, denn Bedrohungsgefühle erzeugen Solidaritätsgefühle.

Warum fühlen sich Evangelikale verfolgt, sogar so verfolgt, dass einige das Bedürfnis nach einem politischen Beschützer verspüren? Die kurze Antwort darauf lautet: zum Teil aufgrund ihrer abnehmenden Zahlen und ihres abnehmenden Einflusses, zum Teil, weil sie manche Kulturkämpfe verloren haben, zum Teil wegen vergangener als traumatisch empfundener Ereignisse, und zum Teil, weil ihre Hirten Angst schüren, um die Herde zusammenzuhalten.

Aber auch, weil sie sich vorstellen, dass sie sich inmitten eines großen Krieges gegen einen grausamen Feind befinden.

Der Weltuntergang steht bevor. Das Ende ist nahe. Die „Zeichen der Zeit" sind nicht zu übersehen. Kriege, Katastrophen, Korruption und Unmoral sind allgegenwärtig. Die letzte Stunde der Menschheitsgeschichte ist angebrochen. Aber als Evanglikaler hat man nichts zu befürchten, denn man wird den gewaltsamen Höhepunkt nicht selber erleben. Wenn dieser kommt, ist man schon in Sicherheit, in den Wolken aufgenommen. Leider werden die Anderen zurückgelassen. Man hat alles getan, um sie zu warnen, aber sie wollten nicht hören. So liest sich das Drehbuch des „dispensationalistischen, prätribulationalistischen Prämillennarismus" (DPP), dem herrschenden Verständnis biblischer Prophetie unter den zeitgenössischen amerikanischen Evangelikalen.

Wie wurde der DPP zur vorherrschenden Ansicht unter den amerikanischen Protestanten? Und was bedeutet das für die Politik der Evangelikalen? Die Antwort auf die erste Frage liegt auf der Hand: Der DPP wurde zur vorherrschenden Ansicht unter den amerikanischen Protestanten, weil sie zur vorherrschenden Ansicht unter den amerikanischen Fundamentalisten, Evangelikalen und Pfingstlern wurde, die wiederum langsam zur vorherrschenden Familie innerhalb des amerikanischen Protestantismus wurden. Während sich die „Mainline" säkularisierte, entwickelte sich der christliche Postmillennarismus zum säkularen Progressivismus, wobei der DPP als dominierende Eschatologie übrig blieb.[33]

Die Antwort auf die zweite Frage ist etwas komplizierter. Der Prämillennarismus kann zu apolitischem Quietismus führen, wie es bei den protestantischen Fundamentalisten in der Mitte des 20. Jahrhunderts der Fall war. Sie kann aber auch zu einer antidemokratischen, antipolitischen Politik führen, die das Hin und Her der Parteipolitik in einen kosmischen Kampf zwischen Gut und Böse verwandelt. Genau dies ist im Laufe der Kulturkämpfe geschehen.

Die Wurzeln des modernen Prämillennarismus reichen bis in die Mitte des 19. Jahrhunderts zurück.[34] Seine DPP-Variante ist dem Denken John Nelson Darbys (1800–1882) zu verdanken. Darby hat die Weltgeschichte in sieben Zeitalter oder „Dispensationen" unterteilt. Das gegenwärtige Zeitalter – das „Kirchenzeitalter" – ist das sechste. Das siebte wird durch eine „geheime Entrückung" (secret rapture) eingeleitet, bei der alle gläubigen Christen, ob lebendig oder tot, zur Verblüffung der „Hinterbliebenen" in den Himmel erhoben werden. Dann beginnen sieben Jahre Drangsal, ein furchtbares Fegefeuer aus Krieg, Unheil und Pest, das die Erde und ihre Bewohner verzehren wird und in einem Kampf zwischen den Mächten des Lichts und der Finsternis gipfeln wird, der mit der triumphalen Wiederkunft Christi auf die Erde endet. Bis dahin werden einige wenige der Zurückgebliebenen – sowohl Heiden als auch Juden – die Wahrheit ergreifen und Christen werden. Damit wird die tausendjährige Herrschaft Christi auf Erden eingeleitet, die mit dem Jüngsten Gericht ihren Höhepunkt erreicht.

Wie William Miller glaubte auch Darby, dass prophetische Passagen der christlichen Bibel – insbesondere in der Johannesapokalypse – „Zeichen der Zeit" enthielten, verschlüsselte Hinweise auf zukünftige Ereignisse, die durch den gotteserfüllten Interpreten entschlüsselt werden könnten. Obwohl Darby davon überzeugt war, dass das Ende nahe war, hat er klugerweise davon abgesehen, ein bestimmtes Datum für die Wiederkunft Christi festzulegen. Darby war einer der ersten, der den DPP in den Vereinigten Staaten predigte. In den 1830er und 1840er Jahren zog er große Menschenmassen im ganzen Land an. Viele nahmen alsbald seine Fackel in die Hand.

Der nächste große Meilenstein in der Entwicklung des amerikanischen DPP war die Veröffentlichung der Scofield Studienbibel kurz vor dem Ersten Weltkrieg.[35] C. I. Scofield (1843–1921), ein trinkfester und betrügerischer Anwalt, bekehrte sich in der Mitte seines Lebens zum evangelischen Christentum. Seine Scofield Studienbibel basierte auf seinem sehr erfolgreichen Bibelstudien-Fernkurs. Das Besondere an seiner Bibel war ein komplexes System von Randkommentaren und Querverweisen, die auch mit hypothetischen Daten für biblische Ereignisse gekoppelt waren, Daten, die auf der Grundlage einer Darbeyschen Version des DPP basierten. Diese Bibel hatte einen zweifachen Reiz. Einerseits begründete sie die Autorität der biblischen Prophetie, indem sie zeigte, wie Passagen des Alten Testaments Ereignisse im Neuen Testament vorherzusagen schienen. Andererseits ermöglichte sie es dem Laienleser, sich vorzustellen, wie die Passagen des Neuen Testaments mit den aktuellen Ereignissen übereinzustimmen schienen oder zukünftige Ereignisse vorhersagen könnten. Die weit verbreitete Desillusionierung, die sich nach den brutalen Grabenkämpfen des Ersten Weltkriegs breitmachte, hat wahrscheinlich die Attraktivität der düsteren Geschichtsvision des DPP und auch von Scofields Bibel noch verstärkt. Bis zum Ende des Zweiten Weltkrieges wurden mehr als zwei Millionen Exemplare verkauft.

Ein drittes historisches Ereignis spielte beim Aufstieg des DPP ebenfalls eine wichtige Rolle: die Gründung des Staates Israel im Jahr 1948. In vielen biblischen Prophezeiungen ging es um die Zerstörung und den Wiederaufbau des Königreichs Israel und des Tempels in Jerusalem. Viele der Prophezeiungen Christi und seiner Anhänger im Neuen Testament wiesen ebenfalls darauf hin. Für die heutigen Anhänger des DPP bedeutete die Gründung eines israelischen Staates und die Rückkehr vieler Juden nach Palästina den Anfang vom Ende der sechsten „Dispensation" und leitete den endgültigen Countdown bis zur Wiederkunft Christi ein. Das war zumindest die Prämisse des zweiten DPP-Bestsellers nach Scofields Bibel: *Alter Planet Erde wohin? Im Vorfeld des Dritten Weltkriegs* von Hal Lindsey.[36]

Nach dem Studium am Dallas Theological Seminary – einem der wichtigsten Zentren der DPP-Theologie damals und auch heute – arbeitete Lindsey zuerst für die „Christliche Studierenden-Mission" (Campus Crusade for Christ), dann etablierte er seine eigene Mission in Orange County, Kalifornien, dem damaligen Mittelpunkt der konservativen „Reagan-Revolution". Lindseys Buch erschien 1970, knapp drei Jahre nach dem Sechstagekrieg, in dem die israelische Armee die vollständige Kontrolle über die Stadt Jerusalem übernahm und das Westjordanland eroberte, den Sitz vieler historischer Orte des Heiligen Landes. Für Lindsey und andere Anhänger des DPP waren diese Ereignisse nur eine weitere Bestätigung dafür, dass die letzte Sekunde auf der eschatologischen Zeituhr tickte. Bis 1990 hat sich Lindseys Buch weltweit 29 Millionen Mal verkauft.

Auch literarische Darstellungen der Apokalypse haben eine lange Geschichte. Den größten Erfolg in dieser Kategorie in den letzten Jahrzehnten konnten zweifellos die „Left-Behind"-Romane von Tim La Haye und Jerry B. Jenkins für sich verzeichnen. Im Stil eines Tom-Clancy-Thrillers und mit einem Hauch von einem Stephen-King-Horrorroman konzentriert sich diese Bücherstaffel auf die „Tribulation Force", eine kleine Gruppe von „Zurückgebliebenen", die sich nach der „geheimen Entrückung" zum evangelikalen Christentum bekehren. Ihr Gegenspieler ist der Antichrist Nicolae Carpathia, ein rumänischer Politiker, der zum Generalsekretär der Vereinten Nationen gewählt wird. Er hat versprochen, die Weltordnung wiederherzustellen, die von Konflikten und

Katastrophen – Vorboten der kommenden Drangsal – erschüttert worden ist. Bis heute wurden von den sechzehn Büchern der Serie über 80 Millionen Exemplare verkauft. Zusätzlich gibt es vier Spielfilme, vier verschiedene Videospiele und eine Kinderbuchreihe.

Der Einfluss apokalyptischen Gedankengutes erstreckt sich auch auf die säkulare Populärkultur.[37] Von „Krieg der Welten" über „Planet der Affen" und „Mad Max" bis hin zu „Der Weg" gibt es inzwischen ein ganzes Genre „postapokalyptischer" Romane und Filme mit säkularisierten Varianten des „Left-Behind"-Szenarios. Tatsächlich haben sich die säkulare und die religiöse Variante nebeneinander entwickelt, mit teilweise diffusen Grenzen. Orson Welles führte nicht nur bei „Krieg der Welten" Regie, er lieh auch seine Stimme für die Filmadaptation von Lindseys *Alter Planet Erde, wohin?* Der Schauspieler Nicholas Cage ist nicht nur in einem der Harry-Potter-Filme zu sehen – die selbst voller quasi-apokalyptischer Themen wie geheimer Verschwörungen und manichäischer Kämpfe sind –, sondern auch in einem der Left-Behind-Filme.[38] Ähnliches könnte man von der zeitgenössischen Survival-Bewegung sagen.[39] Obwohl ihre Anhänger den DPP manchmal als „Schulbuben-Quatsch" verspotten, bereiten sie sich auch auf das Ende der Welt vor, indem sie Lebensmittel und Waffen an entlegenen Orten hamstern. Andere hingegen befürworten eine weiße, rassistische Variante des DPP, die in einem völkermörderischen Rassenkrieg gipfelt.[40] Die Rechten haben allerdings kein Monopol auf apokalyptische Überzeugungen. Sie sind auch bei radikalen Umweltschutzgruppen wie EarthFirst! geläufig, die vor einer bevorstehenden ökologischen Apokalypse warnen und von einem gereinigten und entvölkerten Planeten träumen, der für eine neue Aussaat zurückgewonnen werden kann.

Aber was hat dies alles schließlich mit der Politik zu tun? Wenn die Welt ein sinkendes Schiff ist, soll man dann nicht in die Rettungsboote einsteigen und möglichst viele Menschen zu retten versuchen? Wenn die Gesellschaft in einer Abwärtsspirale gefangen ist, die sich bis zur Wiederkunft Christi weiterdrehen wird, sind dann nicht alle Reformbemühungen umsonst? In der Tat kann der DPP zu politischem Quietismus führen, d. h. zu einem prinzipiellen Rückzug aus dem öffentlichen Leben in eine sektiererische Subkultur der persönlichen Heiligkeit. Dies war übrigens der vorherrschende Modus evangelikaler Politik in der Mitte des 20. Jahrhunderts.[41] Er kann aber auch zu einer antidemokratischen, antipolitischen Politik führen, die die demokratische Debatte zwischen den gegnerischen Parteien in einen totalen Krieg zwischen den Kräften von Gut und Böse verwandelt. In den letzten vier Jahrzehnten der amerikanischen Kulturkämpfe hat die evangelikale Politik diesen Weg eingeschlagen, einen Weg, der zur Wahl eines antidemokratischen Geschäftsmanns namens Donald Trump zum Präsidenten führte.

Eine PEW-Umfrage von 2011 unter „leitenden Evangelikalen" ergab, dass sich zwei Drittel mit dem DPP identifizierten.[42] Eine PEW-Umfrage von 2010 unter evangelikalen Laien brachte ein ähnliches Ergebnis: 58 % äußerten die Überzeugung, dass Christus bis 2050 „definitiv" oder „wahrscheinlich" zurückkehren wird.[43] Heute betrachten viele Evangelikale den DPP als ein Kernelement des „traditionellen" Christentums. In Wahrheit wurde er in der Geschichte des Christentums häufiger als Häresie angesehen. Sowohl Origenes als auch Augustinus lehnten eine wörtliche Auslegung der biblischen Prophetie zugunsten einer allegorischen ab.[44] Erschrocken über die gewalttätigen chiliastischen Bewegungen des frühen 16. Jahrhunderts zögerte Luther, das Buch der Offenbarung überhaupt in seine Bibelübersetzung aufzunehmen.

Viele der anderen „obrigkeitlichen" Reformatoren teilten seine Vorbehalte.[45] Die religiösen Radikalen des englischen Bürgerkriegs waren eine Ausnahme, und durch ihren puritanischen Ableger fanden chiliastische Ideen den Weg in die Neue Welt.[46] Jedoch, für den größten Teil der amerikanischen Geschichte des 19. Jahrhunderts blieben solche Vorstellungen eher eine Ausnahme.[47] Erst im 20. Jahrhundert gewann der DPP eine breitere Akzeptanz.[48]

Aber der Mainstream-DPP steht auch in einem Spannungsverhältnis zum demokratischen Ethos. Demokratische Politik erfordert, dass man seine politischen Gegner grundsätzlich als gutwillig betrachtet (auch wenn sie sich vielleicht im Irrtum befinden). Der DPP unterstellt, dass politische Gegner – buchstäblich – mit dem Teufel im Bunde sind. Demokratische Politik erfordert das Bewusstsein, dass die eigenen Überzeugungen vielleicht auf unvollständigem Wissen beruhen und korrekturbedürftig sind. Der DPP suggeriert, dass die eigenen Überzeugungen auf göttlicher Inspiration beruhen, zu der die Gegner keinen Zugang haben. Demokratische Politik erfordert Kompromissbereitschaft, auch bei Themen, die einem besonders am Herzen liegen. Wenn Politik als ein Nullsummenspiel zwischen Gut und Böse ausgetragen wird, dann ist Kompromiss gleichbedeutend mit Sünde. Demokratische Politik beruht auf der Idee, dass „wir alle im gleichen Boot sitzen". Der DPP geht davon aus, dass das Boot am Sinken ist und dass manche zu Recht zum Ertrinken „zurückgelassen" werden.

Historisch gesehen wurden diese antidemokratischen Tendenzen des DPP durch andere Elemente des konservativen Evangelikalismus in Schach gehalten. Wenn das Ziel beispielsweise darin besteht, Seelen zu gewinnen, dann muss man auch „gewinnend" daherkommen, d. h. man muss lernen, mit Nicht-Gläubigen zu verkehren. Wenn das Ziel darin besteht, am Glauben festzuhalten, dann muss man gelegentlich mit inneren Zweifeln ringen. Wenn Christus „wie ein Dieb in der Nacht" zurückkehren wird, dann sollte man nicht so tun, als würde man Datum und Uhrzeit kennen. Wenn Christen zur Nächstenliebe aufgefordert werden, müssen sie ihrer Nachbarschaft eine gewisse Aufmerksamkeit schenken, auch wenn sie viele Nichtchristen einschließt. Aus diesen und anderen Gründen ist „demokratische politische Theologie" nicht unbedingt ein Widerspruch in sich, auch nicht für den Evangelikalismus.

Aber zur Demokratie gehören mehr als nur Werte. Demokratie beinhaltet auch Sitten, das, was Tocqueville „Gewohnheiten (habits) des Herzens" nannte. Das amerikanische Christentum hat einst die demokratischen Gewohnheiten gestärkt. Tut es das immer noch?

Amerikas Kirchen: Von kleinen Republiken zu großen Unternehmen

Seit Ende der 1980er Jahre entwickelte eine kleine Gruppe von Sozialwissenschaftlern unter der Leitung von Rodney Stark ein „neues Paradigma" in der Religionssoziologie: den Ansatz der „religiösen Ökonomien". Im Wesentlichen haben Stark und seine Mitarbeiter einige Grundbegriffe aus der neoklassischen Wirtschaftswissenschaft entlehnt und diese dann auf das Studium der Religion angewandt.[49] Man solle die Religion als einen „Markt" betrachten, empfahlen sie. Man solle Kirchen als „Betriebe" verstehen, Pastoren als „Unternehmer", religiöse Erfahrungen als „Konsumgüter" und potenzielle Konvertiten als „Kunden". Einige religiöse Märkte seien „frei" und „kompetitiv", wie zum Beispiel die Vereinigten Staaten nach der Trennung von Kirche und Staat. Andere Märkte werden „verzerrt" durch staatliche Eingriffe, die den Markt zu „regulieren" oder bestimmte Firmen zu „subventionieren" versuchen, wie bei den Staatskirchen Nordeuropas. Freie religiöse Märkte seien gut. Sie zwingen religiöse Firmen, um Kunden zu konkurrieren, indem sie ihnen die Art von Produkten anbieten, die sie wollen. Stark regulierte Märkte seien schlecht. Sie schränken den Wettbewerb ein und beeinträchtigen die Qualität und Vielfalt religiöser Produkte. Dies, so die Hypothese, sei der Grund, warum Amerika „religiös lebendig" geblieben sei, während Europa zunehmend säkularisiert sei.[50]

Starks Ansatz hat bei den Religionswissenschaftlern keine breite Akzeptanz gefunden, nicht zuletzt weil sich seine empirischen Analysen als statistisch fehlerhaft erwiesen.[51] Aber die ökonomistische Sprache seiner Schule fand alsbald den Weg in die öffentliche Diskussion über amerikanische Religion. Und dies nicht ohne Grund. Wie bereits andere Soziologen vor ihm festgestellt hatten, ähnelt die zeitgenössische amerikanische Religion in vielerlei Hinsicht einem Marktplatz.[52] Einkäufern in einem Geschäft ähnlich konzentrieren sich viele amerikanische Christen auf die „Produktauswahl": Sie wollen eine Kirche, die ihrer persönlichen Lage und ihren kulturellen Vorlieben entspricht. Und die Kirchen erfüllen die Rolle des guten Händlers; sie versuchen diese Nachfrage zu befriedigen und die Kundschaft zu versorgen, denn auch sie sind auf „Wachstum" bedacht: Wachstum der Mitgliederzahlen, der Standorte, der Markenbekanntheit und nicht zuletzt der Einnahmen.[53] Außerdem stellen sich manche amerikanische Pastoren gerne als CEOs vor.[54] Ist die Leitung einer großen und wachsenden Kirche nicht ein bisschen wie die Leitung eines wachsenden Unternehmens? Es gibt Personal zu beaufsichtigen, Geld zu verwalten, die Expansion voranzutreiben, sich um die Öffentlichkeitsarbeit zu kümmern und so weiter. Und natürlich wird die erfolgreiche Pastorin ihre „Marktforschung" durchgeführt haben, bevor sie entscheidet, wo sie sich niederlässt und welches Klientel sie ansprechen will. Sie wird auch für eine starke Kundenansprache in Form eines Gottesdienstes sorgen, der fesselnd, aufregend und unterhaltsam ist. Hohe Unterhaltungswerte sind dabei entscheidend: bequeme Sitzgelegenheiten, erhebende Musik und eine ergreifende Predigt. So gesehen kann es nicht überraschen, dass der daraus entstandene „Betrieb" in mancherlei Hinsicht einem Einkaufszentrum ähnelt. Es gibt drei oder vier große Hauptschiffe, wo verschiedene Gottesdienststile angeboten werden. Dazwischen befinden sich kleinere Boutiquen mit Angeboten für Nischengruppen (z. B. Mannschaftssport, Bibelstudium, Single-Gruppen, karitative Einsätze usw.).[55] Und wie die materielle Wirtschaft so hat auch die religiöse Wirtschaft ihre Prestigemarken und ihre Star-CEOs, nicht Apple und Steve Jobs, sondern Saddleback und Rick Warren, nicht Zuckerberg und Facebook, sondern Willow Creek und Bill Hybels.

Das war nicht immer so. Die amerikanischen Kirchen der frühen Republik – die christlichen Kirchen Tocquevilles Amerika – glichen eher kleinen Republiken als großen Firmen.[56] Sie wählten ihre Anführer aus den eigenen Reihen. Sie praktizierten kollektive Selbstverwaltung mittels Generalversammlungen und Kirchenräten. Sie entsandten Vertreter in größere Versammlungen und nationale Kirchenräte, um Angelegenheiten von größerer Bedeutung zu erörtern. Sie entwarfen Verfassungen, in denen ihre grundlegenden Institutionen und Verfahren festgelegt wurden. Sie unterzogen abtrünnige Mitglieder und machthungrige Prediger der Kirchendisziplin. Sie verbündeten sich mit anderen Religionsgemeinschaften, um Missionare zu entsenden oder Wohltätigkeit zu üben. Kurz gesagt, sie dienten als Trainingsstätten für die demokratische Staatsbürgerschaft.

Und dies nicht nur für wohlhabende weiße Männer: Amerikas Kirchen waren einer der wenigen Orte, an denen auch Frauen und Farbige Aktivist(inn)en und Amtsträger sein konnten. Als Tocqueville also zu dem Schluss kam, dass die amerikanischen Kirchen eine starke Stütze der amerikanischen Demokratie seien, irrte er gewiss nicht. Die Kirchen trugen dazu bei, die demokratischen Gewohnheiten und Tugenden einzuflößen, die die große Republik, zu der die Vereinigten Staaten sich rasch entwickeln sollten, brauchte.

Wie groß sind amerikanische Kirchengemeinden heutzutage? Und wie stark sind sie gewachsen? Uns liegen erst zur Zeit der Amerikanischen Revolution zuverlässige Daten vor. Damals betrug die durchschnittliche Größe einer Kirchengemeinde um die hundert Anhänger. Es gab keine nennenswerten Unterschiede zwischen den verschiedenen protestantischen Denominationen. Im Laufe des nächsten Jahrhunderts wurden die Gemeinden im Allgemeinen größer, aber die Wachstumsrate lag bei einigen Konfessionen viel höher als bei anderen. Im Jahr 1890 z. B. hatte die durchschnittliche katholische Gemeinde über 1.000 Anhänger, die durchschnittliche methodistische Gemeinde fast 300 und die typische presbyterianische, kongregationalistische, episkopalistische, südbaptistische (Southern Baptist) oder lutherische Gemeinde weniger als 200.[57] Im 20. Jahrhundert wuchsen die Gemeinden weiter, und es gab einige wichtige Veränderungen. Im Jahre 1990 hatte die durchschnittliche Gemeinde über 300 Mitglieder.[58] Katholische Pfarreien waren in der Regel viel größer, mit durchschnittlich fast 2.500 Anhängern, und einige der neueren Konfessionen, wie z. B. die Assemblies of God, waren viel kleiner.[59] Die vielleicht wichtigste Verschiebung fand in der Southern Baptist Convention statt, wo die durchschnittliche Gemeindegröße von etwa 275 im Jahr 1952 auf etwa 500 im Jahr 1990 anstieg.[60]

Diese Geschichte des langsamen, schrittweisen Wachstums verdeckt eine sehr wichtige jüngere Entwicklung: die zunehmende Konzentration der Kirchenbesucher bei immer größeren Gemeinden. Sie ging Hand in Hand mit langsamen Veränderungen in der kirchlichen Führungsschicht. Für damalige Verhältnisse waren die Kirchen der nachrevolutionären Ära außerordentlich demokratisch strukturiert. Man denke an die presbyterianische Kirche. Sie hatte – und hat immer noch – eine eher demokratische und laiendominierte Kirchenverfassung. Jede Gemeinde wählte den eigenen Pastor und auch eigene Kirchenälteste oder Presbyter, die wiederum eine kirchliche „Sitzung" bildeten. Jede Region wird wiederum von einem „Presbyterium" regiert, das sich aus von den Sitzungen ausgewählten Pastoren und Ältesten zusammensetzt. Über den Presbyterien befinden sich zunächst die „Synoden" und dann die „Generalversammlung", die jeweils für die Kirchenverwaltung auf ländlicher und nationaler Ebene zuständig sind. In der Praxis bedeutete dies freilich, dass die Kirche von einer Elitegruppe wohlhabender Laien zusammen mit ordinierten Geistlichen geführt wurde.

Die Kirchenverfassungen der beiden aufstrebenden Sekten der frühen Republik – der Baptisten und der Methodisten – waren noch demokratischer.[61] Die Gemeinden wurden weitgehend von lokalen und regionalen „Verbindungen" und „Konferenzen" verwaltet, die oft für „kleine Leute" offen waren und häufig auch von ihnen besetzt wurden. Außerdem waren die meisten Geistlichen in diesen Sekten ungebildete Männer, die durch eigene Anstrengung und rednerisches Talent aus den Reihen aufstiegen.[62] Dies sollte sich freilich in den folgenden Jahrzehnten ändern, als die Methodisten und dann die Baptisten eigene Colleges und theologische Seminare gründeten. Bis zum Ende des 19. Jahrhunderts hatte sich das Kräfteverhältnis auch innerhalb dieser Kirchen von den

Laien weg und hin zum Klerus verschoben.[63] Rückblickend ist klar, dass die große religiöse Erweckung, die in den späten 1960er und frühen 1970er Jahren in Gang kam – manche nenne es die Vierte Große Erweckung –, ähnlich den vorhergehenden Erweckungen zum Teil eine populistische Reaktion gegen diese institutionelle Sklerose war.[64]

Ein wichtiges Ergebnis dieser Gegenreaktion – und laut Management-Guru Peter Drucker in der Tat eines der „wichtigsten Phänomene" der letzten fünfzig Jahre – ist die Zunahme von „Megakirchen", sehr großen Gemeinden mit 1.000 Mitgliedern oder mehr.[65] In Wahrheit sind solche Kirchen nicht ganz so neu, wie viele meinen. Bereits im späten 19. Jahrhundert gab es vereinzelte Beispiele für „übergroße" Gemeinden.[66] In den Angelus-Tempel in Los Angeles z. B., der 1923 von der berühmten Pfingst-Evangelistin Aimee Semple McPherson erbaut wurde, passten etwa 5.300 Gläubige. Das Gebäude hatte auch Gebetsräume, Sendeanlagen und Örtlichkeiten, von denen aus Sozialdienste betrieben werden konnten.[67] Bis vor kurzem waren solche Gemeinden jedoch recht selten. Das hat sich geändert. Im Jahr 1900 gab es in den Vereinigten Staaten 10 Megakirchen mit über 1.500 Mitgliedern. Im Jahr 1980 waren es 150, im Jahr 2005 über 1.200, Tendenz steigend.[68]

Die Ausbreitung von Megakirchen hängt mit einem anderen wichtigen Trend zusammen: der zunehmenden Konzentration von Menschen und Material. Seit Beginn der 1970er Jahre konzentrieren sich immer mehr Kirchenbesucher in immer größeren Kirchen, und umgekehrt gehören immer weniger Kirchenbesucher traditionellen Kirchen kleinerer Größe an. Der Soziologe Mark Chaves erklärt dies wie folgt: „Das größte 1 % der protestantischen Kirchen", jene mit 1.000 oder mehr Mitgliedern, „umfasst etwa 20 % aller Menschen, allen Geldes und aller Mitarbeiter" und „die größten 7 % umfassen die Hälfte aller Menschen, allen Geldes und aller Mitarbeiter".[69] Darüber hinaus ist dieser Trend zur Konzentration am stärksten ausgeprägt gerade in der Presbyterianischen Kirche USA, der Vereinigten Methodistischen Kirche und vor allem in der Southern Baptist Convention, wo inzwischen fast jedes sechste Gemeindemitglied eine Megakirche besucht.[70] Dies ist umso bemerkenswerter, als gerade diese Konfessionen zu Tocquevilles Zeiten auch zu den demokratischsten gehörten.

Der Aufstieg der Megakirche ist jedoch auch mit einem zweiten wichtigen Megatrend im amerikanischen Christentum verbunden: der Auflockerung denominationeller Strukturen und dem Aufstieg nichtkonfessioneller Gemeinden.[71] Heute ist jede vierte amerikanische Kirche „unabhängig" (non-denominational) und jeder fünfte amerikanische Protestant besucht eine solche „nichtkonfessionelle" Kirche.[72] Lange ging der Haupttrend im religiösen Leben in Richtung Verbundenheit, sowohl zwischen Gemeinden als auch über Denominationen hinweg. Im letzten halben Jahrhundert aber kehrte sich der Trend um in Richtung Unabhängigkeit und Abkoppelung. Das ausgedehnte Netz des ökumenischen Christentums weicht langsam einem verstreuten Archipel autonomer Gemeinden.

Das interne politische Leben der modernen Megakirchen wurde bisher leider nicht eingehend untersucht und ist von außen sehr intransparent. Aber man kann davon ausgehen, dass sie nicht besonders demokratisch oder offen ist. Schließlich drehen sich die meisten Megakirchen um einen charismatischen Gründer/Pastor, der über alle wichtigen Entscheidungen das letzte Sagen hat.[73] Die meisten Megakirchen beschäftigen auch professionell ausgebildete Fachleute: Hilfspastoren, Betriebsleiter, Marketingspezialisten sowie Büro- und technische Angestellte. Es gibt natürlich reichlich

Platz für „Freiwilligenarbeit" verschiedener Art. Aber die Beteiligung von Laien in den Entscheidungsgremien ist wahrscheinlich auf kleine Kreise großer Geldgeber beschränkt, die das Ohr des Pastors haben. Außerdem setzt die schiere Größe dieser Gemeinden der demokratischen Teilnahme eine Grenze. In einer Gemeinde mit nur 100 Anhängern ist die Wahrscheinlichkeit sehr groß, dass viele Kirchenmitglieder irgendwann auch als Amtsträger dienen. In einer Kirche mit 1.500 oder mehr Mitgliedern ist die Wahrscheinlichkeit entsprechend geringer. So gesehen hat die moderne Megakirche mehr mit einem großen Unternehmen als mit einer kleinen Republik gemein. Kein Wunder, dass sich einige Christen heute Jesus als den „ersten CEO" vorstellen.

Was erklärt diese Umstrukturierung? Warum sind die kleinen Republiken der nachrevolutionären Ära den großen Firmen des frühen 21. Jahrhunderts gewichen? Leider ist auch diese Frage nicht systematisch untersucht worden, aber mehrere Hypothesen legen sich nahe – zum Beispiel demografische Faktoren. Im späten 18. Jahrhundert war die Bevölkerungsdichte gering und der Landverkehr langsam. Außerhalb der größten Städte an der Ostküste wäre es rein logistisch unmöglich gewesen, eine große Gemeinde zusammenzuführen. Erst nach der Erfindung des Automobils und dem Bau des Autobahnnetzes wurden die heutigen Vorstadt-Megakirchen überhaupt möglich.

Aber warum sollte man das Große dem Kleinen vorziehen? Zweifellos spielte auch die Effizienz eine Rolle. Wie jede sehr große Organisation kann eine sehr große Kirche mehr bieten – mehr Gottesdienste, mehr Freizeitaktivitäten – und kann somit ein vielfältigeres Publikum ansprechen. Dennoch erklärt die Nachfrage nicht das Angebot. Warum haben sich so viele Kirchenleiter für den Bau so großer Kirchen entschieden? Hier kommt nun endlich die Theologie ins Spiel.

Wenn der Zweck einer Kirche nur die Rettung von Seelen ist und die Zahl der Bekehrten das Maß des Erfolgs ist, wenn die Erlösung für jede Person, die sie will, frei verfügbar ist – wenn, kurz gesagt, die Arminsche Freiwilligkeitstheologie richtig ist –, dann steht die Größe der Kirche in direkter Korrelation mit ihrer Qualität.

Was aber, wenn der Zweck der Kirche darin besteht, das Reich Gottes zu bauen, und der Maßstab für Erfolg und Erlösung (die, man erinnere sich, nicht für alle möglich ist) soziale Gerechtigkeit wäre – was, mit anderen Worten, wenn Calvins Lehre von der doppelten Prädestination und das Ideal einer Gemeinschaft von „Heiligen" richtig ist? Dann ist eine große Kirche wahrscheinlich eine unreine Kirche, die mehr Böcke als Schafe umfasst. So sahen es sicherlich die frühen Puritaner und Baptisten. Auch wenn es für moderne Evangelikale offensichtlich ist, dass größer besser ist, lagen die Dinge für ihre historischen Vorfahren überhaupt nicht so klar.

Dass Megakirchen (intern) undemokratisch sind, bedeutet natürlich nicht, dass sie auch (extern) antidemokratisch sein müssen. Aber es gibt gute Gründe, einen Zusammenhang zu vermuten. Ein Kirchgänger, der sich an eine Gottesdienstform gewöhnt hat, die er als Zuschauer verfolgt und die von einem reichen, kämpferischen und charismatischen Pastor auf einer fernen Bühne geleitet wird, kann sich auch leichter mit einer Art Politik anfreunden, die von einem reichen, kämpferischen und charismatischen Politiker auf dem Fernsehschirm geführt wird. Von Franklin Graham bis zu Donald Trump, vom Teleevangelismus zum Populismus, ist es nur ein Katzensprung.

Aber der Sprung tut sich nicht von selbst. Die Sozialforschung hat wiederholt gezeigt, dass kirchlich aktive Christen in den USA mehr Geld und mehr Zeit spenden als ihre aktiven säkularen Mitbürger – und dies selbst dann, wenn man ihr monetäres und zeitliches Engagement innerhalb ihrer Religionsgemeinschaften ausklammert. In *American Grace*, einer der wichtigsten Studien der letzten Jahrzehnte über die amerikanische Religion, entdeckten Robert Putnam und David Campbell, dass „das religiöseste Fünftel der Amerikaner mehr als viermal so großzügig ist wie das am wenigsten religiöse Fünftel".[74]

Eine der großen Fragen der heutigen Zeit ist also, welcher dieser beiden Impulse die Oberhand gewinnt: der sektiererische und autoritäre oder der bürgerliche und demokratische. Oder, um es provokanter auszudrücken, ob Jesus als ein CEO betrachtet wird, der ein erfolgreiches Start-up-Unternehmen aufgebaut hat, oder als ein egalitärer Prophet, der unvoreingenommene Liebe praktizierte.

Würden die evangelikalen Kirchen und ihre Mitglieder diese Frage ernsthaft diskutieren, ließe sich hoffen, dass sie schließlich zu der letzteren Position kommen würden. Aber das Ergebnis einer solchen Diskussion ist keineswegs vorgezeichnet, denn die Evangelikalen befinden sich zurzeit in einer Art selbstgemachter Babylonischer Gefangenschaft. Sie halten sich momentan im Königreich einer Republikanischen Partei auf, die einen berühmten, wenn auch nicht gerade christlichen CEO anbetet.

Wie es zu diesem selbstauferlegten Exil kam und wie das amerikanische Christentum ihm noch entkommen könnte, wird im nächsten Kapitel behandelt.

Hallo, Weber!

Am 20. August 1904, etwa siebzig Jahre nach Tocquevilles und Beaumonts großer Reise in die Neue Welt, setzte ein wohlhabendes deutsches Ehepaar mittleren Alters die Segel in Richtung der Vereinigten Staaten.[75] Nach der Landung auf Ellis Island verbrachte es drei Monate auf einer Tournee quer durch die USA. Die Beiden besuchten den Bundesstaat New York, Chicago, St. Louis, das Oklahoma Indianergebiet, New Orleans, Atlanta, Washington, D. C. und Cambridge, bevor sie nach New York City zurückkehrten. Auf dem Weg trafen sie berühmte Persönlichkeiten wie Jane Addams, W. E. B. Du Bois und Samuel Gompers. Sie sprachen auch mit gewöhnlichen Menschen der Zeit, darunter Kleinstadt-Predigern, Grenzpolitikern, Siedlungsarbeitern, Hausangestellten und ehemaligen Sklaven. Sie hießen Max und Marianne Weber.

Die Reise nach Amerika war ein wichtiger Wendepunkt im Leben von Max Weber. Ein kometenhafter Aufstieg durch die akademischen Ränge im frühen Erwachsenenalter war durch einen Nervenzusammenbruch und eine lange Rekonvaleszenz unterbrochen worden.[76] Ganze sechs Jahre lang war Weber nicht in der Lage, Vorlesungen zu halten oder Forschung zu betreiben. Erst 1903 fand er langsam wieder zur Arbeit und verfasste einen frühen Entwurf seines später berühmtesten Werks *Die protestantische Ethik und der Geist des Kapitalismus*.[77] Darin argumentierte er bekanntermaßen, dass der „asketische Protestantismus" (d. h. der Calvinismus und seine sektiererischen Nachkommen) eine „Wahlverwandtschaft" mit dem „modernen Kapitalismus" haben.

Bei Wahlverwandtschaften handelt es um chemische Reaktionen zwischen zwei komplexen Substanzen. Diese verbinden sich zu einer neuen Substanz, wobei sie einige ihrer alten Bestandteile freisetzen. Im Falle des modernen Kapitalismus, so Weber, verband sich die protestantische Askese mit dem kapitalistischen Streben nach einem Ethos des Gewinns um des Gewinns willens. Dabei wurde die protestantische Ethik säkularisiert und verwandelte sich in eine rastlose und unaufhörliche Suche nach Reichtum als Selbstzweck.

Oder nicht? Im Rückblick wird deutlich, dass Weber in Bezug auf Amerika nur zur Hälfte Recht hatte. Der liberale Protestantismus hat sich in der Tat säkularisiert. Aber das Ergebnis war eine Ethik des sozialen Fortschritts und der Selbstverwirklichung. Der konservative Protestantismus säkularisierte sich nicht, und brachte dennoch eine neue Ethik der Akkumulation hervor. Was sich jedoch anhäufen sollte, war nicht (nur) Geld, sondern (auch) Seelen. Der Pastor wurde so zum Unternehmer, die Kirche zum Geschäft, die Religion zur Ware und der Kirchengänger zum Kunden, genau wie Stark es beobachtete.

In diesem Prozess sind die Kirchen gewachsen – und auch mutiert. Die kleinen Kirchen in der Prärie wurden zu den Megakirchen der Vorstädte. Die Versammlungen der Gläubigen wurden zu Schauplätzen der Evangelisation. Das Amerika von Tocqueville wich dem Amerika von Jerry Falwell – und dann dem Amerika von Donald Trump. Nicht nur Tocqueville wäre von dieser Wendung der Dinge schockiert; die Vorfahren Falwells wären es auch. Denn sie waren keineswegs allesamt politische Konservative im heutigen Sinne. Wie es zum amerikanischen Militarismus und zum *laissez-faire*-Kapitalismus kam, und warum „Familienwerte" jetzt alle anderen übertrumpfen (!) und welche Rolle der Rassismus in diesem Prozess spielte – darum geht es im folgenden Kapitel.

KAPITEL 4
Die Republikanische Gefangenschaft

Prolog: Der „Affenprozess"

Im Juli 1925 stürmten zwei berühmte Anwälte, ein Dutzend Experten und über hundert Journalisten die kleine Stadt Dayton im Bundesstaat Tennessee für den „Prozess des Jahrhunderts".[1] Nur wenige Monate zuvor, im März desselben Jahres, hatte der Bundesstaat Tennessee ein Gesetz erlassen, das es „jedem Lehrer an einer der ... öffentlichen Schulen des Staates ... verbot, jene Theorie zu lehren, die die Geschichte der göttlichen Schöpfung leugnet ... und stattdessen zu lehren, dass der Mensch von einer niedrigeren Tierart abstammt".

Verärgert über diesen eklatanten Angriff auf die Wissenschaft, traf sich eine Gruppe von Männern in einer Bar und nahm sich vor, das neue Gesetz auf die Probe zu stellen. Zu diesem Zweck engagierten sie einen jungen Lehrer namens John Scopes, der absichtlich gegen das Gesetz im oben genannten Paragraphen verstoßen sollte, und setzten die kürzlich gegründete American Civil Liberties Union (ACLU) ein, um ihn vor Gericht zu verteidigen. Die ACLU hoffte, den Fall eng auf das neue entwickelte Prinzip der „akademischen Freiheit" zu beschränken. Aber die ACLU-Anwälte verloren schnell die Kontrolle über das Verfahren, als zwei hochrangige Figuren auf die Bühne traten: William Jennings Bryan für die Anklage und Clarence Darrow für die Verteidigung.

In früheren Jahren waren die beiden Männer bekannt als Verbündete im Kampf für die Rechte der Arbeitnehmer. Nun standen sie sich in einer frühen Runde des großen amerikanischen Kulturkampfes des 20. Jahrhunderts als Gegner gegenüber. William Jennings Bryan war ein „Evangelikaler" im weitesten Sinne des Wortes, dessen Theologie zwar als konservativ (wenn auch nicht fundamentalistisch), dessen Politik aber als ausgesprochen fortschrittlich (wenn auch nicht sozialistisch) bezeichnet werden kann.[2] Während seiner zwei Amtszeiten im Kongress (1891–1895) und bei seinen drei Präsidentschaftskandidaturen (1896, 1900 und 1908) hatte sich Bryan als unermüdlicher Verfechter innenpolitischer Reformen wie der Bankenregulierung, der Zerschlagung von Monopolen und des Frauenwahlrechts erwiesen. Seine außenpolitischen Ansichten waren gleichermaßen progressiv. Während des Spanisch-Amerikanischen Krieges (1898–1900) griff er den amerikanischen Imperialismus auf den Philippinen an und widersetzte sich dann während seiner Amtszeit als Außenminister von Woodrow Wilson (1913–1915) dem Eintritt Amerikas in den Ersten Weltkrieg. Seine Ansichten in Rassenfragen waren jedoch eher rückschrittlich. Wie viele Demokraten dieser Ära, darunter auch Präsident Wilson,[3] trat Bryan für mehr Gleichheit ein, allerdings nur unter Weißen. Die Gleichheit der Rassen hielt er für einen Irrtum. Nach seinem Rücktritt aus Wilsons Kabinett widmete er seine letzten Jahre der Religion. Er wurde bald zu einem der Wortführer in einer nationalen Kampagne gegen die Evolutionslehre.

Clarence Darrow kann man eher als einen „säkularen Liberalen" beschreiben.[4] In metaphysischen Fragen folgte er seinem freidenkerischen Vater. In politischen Fragen waren Darrows Ansichten jedoch fast identisch mit Bryans. Darrow wurde zunächst als linker Arbeitsrechtler bekannt. So verteidigte er beispielsweise 1894 erfolgreich den sozialistischen Gewerkschaftsführer Eugene V. Debs gegen fadenscheinige Vorwürfe, die aus dem berühmten Pullman-Eisenbahnstreik erwuchsen. Doch Darrows Karriere als Arbeitsrechtler fand 1911 ein jähes Ende, als er wegen Geschworenenbestechung angeklagt wurde – zu Recht, wie es scheint. Danach erfand er sich als Strafverteidiger neu, mit Spezialisierung auf Mord-prozesse.

Darrow stimmte mit der Position der ACLU zur aka-demischen Freiheit sicherlich überein. Aber er versuchte, den Fall in den Rahmen der größeren Fragen von biblischem Literalismus und darwinistischer Theorie zu stellen. In einem späten Moment des Verfahrens, der weithin als entscheidend angesehen wurde, rief Darrow Bryan selbst als „Sachverstän-digen" für Bibelauslegung in den Zeugenstand und drängte seinen philosophischen Kontrahenten schnell in die rhetori-sche Ecke. Obwohl Scopes letztlich für schuldig befunden und zur Zahlung einer kleinen Geldstrafe verurteilt wurde, waren es Bryan – und seine evangelikalen Mitstreiter –, die letztendlich in der größeren öffentlichen Debatte als Verlierer dastehen sollten. Bryan hatte zwar den Rechtsstreit gewon-nen, aber die Evangelikalen verloren den Kulturkampf um die Evolution.

Unterdessen saß im Publikum in Dayton auch eine dritte wichtige Figur, deren Ansichten das Bild der damaligen politi-schen Wahlverwandtschaften abrundeten: H. L. Mencken. Dass der Prozess bis heute als eine Niederlage des „Fun-damentalismus" gilt, ist nicht zuletzt auf seine viel gelesenen, polemischen Angriffe zurückzuführen.[5] Politisch lässt sich Mencken vielleicht am besten als ein säkularer Libertärer be-schreiben. Wie Darrow war er ein kampfbereiter Atheist.[6] Er verbrachte einen Großteil seiner Karriere damit, die Religion zu verspotten, wenn auch weniger aus wissenschaftlichen denn aus ethischen Gründen.[7] Wie Nietzsche, dessen Philoso-phie er sehr bewunderte, aber kaum verstand, verachtete Mencken das Christentum als eine „Sklavenreligion", ein Glaubensbekenntnis für die „Herde". Zugleich folgte Men-cken Nietzsche in seinem widerwilligen Respekt vor „cleveren Priestern". Besonders liebte er J. G. Machen, einen hochrangigen fundamentalistischen Theologen und einen scharfen Kritiker des liberalen Protestantismus.[8] Der rote Faden, der diese sich scheinbar widersprechenden Ansichten zusammenband, war der Elitismus. Adolf Hitler und Ayn Rand zählten zu den Figuren, denen Mencken im Laufe der Jahre öffentlich seine Bewunderung aussprach. Die politische Konsequenz seines philosophischen Elitismus war eine tiefe Verachtung der Demokratie, die er als ein System verspottete, in dem Narren von Schwindlern regiert würden, auf Kosten der wahrhaft Herausragenden.[9] Menckens Elitismus war auch mit Rassismus versetzt, denn er war nicht der Meinung, dass Exzellenz gleichmäßig über alle Rassen verteilt sei. Wie viele weiße Männer der Elite im frühen 20. Jahrhundert war Mencken ein erklärter „Angelsachse", der glaubte, dass die „nordischen" Völker eine überlegene Rasse bildeten, die dazu bestimmt sei, die Welt zu beherrschen. Doch während Bryans rassistische Vorurteile sich eng auf Afroamerikaner konzentrierten, betraf Menckens Rassismus auch Juden, Italiener, Polen und in der Tat jeden von „nicht-nordischer Abstammung". Und während Darrows Verteidigung der Evolutionstheorie auf einer Verpflichtung gegenüber naturwissenschaftlicher Rationalität beruhte, basierte Menckens Verteidigung auf einem Glauben an den Sozialdarwinismus.

Vor diesem Hintergrund ist es kaum verwunderlich, dass Mencken kaum Respekt für Bryan übrig hatte. Mencken verabscheute ihn nicht nur wegen seiner religiösen Überzeugungen, sondern auch wegen seines Engagements für die Demokratie. Was die Evolutionstheorie betrifft, so war Bryan am meisten darüber besorgt, dass sie zur Legitimierung der durch den *laissez-faire*-Kapitalismus hervorgerufenen sozialen Ungleichheiten und zur Infragestellung der moralischen Werte der gesellschaftlichen Solidarität und des menschlichen Mitgefühls verwendet werden könnte – gerade die

Aspekte der Evolutionslehre, die Mencken am ehesten begeisterten.

Das Problem: Wechselnde Wahlverwandtschaften

Aus der Perspektive des 21. Jahrhunderts betrachtet sind die Kampflinien im „Affenprozess" einerseits vertraut, andererseits verblüffend. Dass ein überzeugter Evangelikaler und (Wahl-)Südstaatler gegen einen militanten Skeptiker aus dem Nordosten in einen Kampf um die Rolle der Religion im öffentlichen Leben tritt, mag dem zeitgenössischen Leser vertraut erscheinen. Aber die persönliche Konstellation bleibt zugleich verwirrend, und zwar aus zweierlei Gründen. Erstens gehörten beide Männer der Demokratischen Partei an. Die Fronten in dieser Schlacht des Kulturkampfs verliefen nicht entlang der parteipolitischen Grenze. Mencken befand sich auf der anderen Seite dieser Grenze. Es ist indes schwer vorstellbar, dass sich ein militanter Säkularist wie Mencken in der heutigen Republikanischen Partei besonders wohlfühlen würde.

Zweitens erscheinen nicht nur die parteipolitischen Zugehörigkeiten, sondern auch die politischen Ansichten dieser drei Männer aus heutiger Sicht höchst unwahrscheinlich. Was Bryan betrifft: ein theologisch konservativer, bekennender „Evangelikaler", der in fast allen Bereichen – ausgenommen der Rassengleichheit – politisch fortschrittlich war. Heute sind progressive Evangelikale eine eher seltene Erscheinung[10]und „progressive Rassisten" ein Widerspruch in sich. Mencken, mit seiner seltsamen Mischung aus Libertarismus, Elitismus und Atheismus würde heute weder im Feuilleton des *Wall Street Journal* veröffentlichen können noch vom Fox News Channel eingeladen werden. Politische Kreaturen der Menckschen Art gibt es natürlich immer noch (z. B. an der Wall Street und im Silicon Valley), sie wurden aber aus dem Mainstream-Konservatismus verbannt (siehe den Fall des libertären Unternehmers Peter Thiel).

Heute sieht das typische Verhältnis zwischen Religion, Politik und Partei anders aus, zumal bei der Republikanischen Partei. Die politische Koalition, auf der diese Partei zumindest seit der Wahl von Ronald Reagan im Jahr 1980 basiert, wird oft als „dreibeiniger Hocker" bezeichnet, weil sie aus drei Wählergruppen zusammengesetzt ist:[11] 1) Neokonservative, die ein starkes Militär und eine aggressive Außenpolitik befürworten;[12] 2) Neoliberale, die freie Märkte und niedrige Steuern befürworten;[13] und 3) Religiöse Traditionalisten, die die „traditionelle Moral" und öffentliche Religion befürworten.[14]

In Wirklichkeit war der republikanische „Hocker" schon immer ein Stuhl. Denn er hatte von vornherein ein nur dürftig kaschiertes viertes Bein: den weißen Rassismus.[15] Jeder republikanische Präsident seit Richard Nixon hat an der einen oder anderen Stelle die Rassenkarte gegen seine politischen Gegner ausgespielt. Auf diese Weise eroberte die Republikanische Partei den Alten Süden, der seit dem Ende des Bürgerkrieges überwiegend für die Demokraten gestimmt hatte.[16]

Wie wurde der republikanische Stuhl konstruiert? Was geschah zwischen dem Ende des Scopes-Prozesses und der Entstehung der Reagan-Koalition? Wie kam es, dass einige Elemente, die einst zusammenzugehen schienen, nicht mehr zusammenpassten, während andere Elemente, die überhaupt nicht zusammengehörten, sich auf einmal anzogen? Wie kam es, dass sich insbesondere der Evangelikalismus vom Progressivismus getrennt und sich mit dem Konservatismus zusammengetan hat? Konkreter gefragt: Wie kam es dazu, dass sich der Evangelikalismus mit dem amerikanischen Militarismus, Kapitalismus und Rassismus verbündet hat? Kurzum, wie haben sich die Gesetze der politischen Chemie verändert, um diese neuen Wahlverwandtschaften zu schaffen?

Außenpolitik: Vom progressiven Anti-Imperialismus zum amerikanischen Exzeptionalismus

Im Mai 1918 hielt Professor Shailer Mathews die McNair-Vorlesungen an der Universität von North Carolina. Sein Thema war „Patriotismus und Religion".[17] „Dass ein Amerikaner sich weigert, an dem gegenwärtigen Krieg teilzunehmen", warnte Mathews, „ist unchristlich".[18] Denjenigen, die sich dem Krieg im Namen des Christentums widersetzten, hielt er entgegen, dass „der Jahwe der Hebräer der Gott der Schlachten war".[19] Mathews empörte sich insbesondere über die isolationistische Politik amerikanischer Sozialisten und verurteilte sie als fünfte Kolonne des Deutschen Reiches: „Der organisierte Sozialismus in Amerika hat sich selbst in Antiamerikanismus verwandelt ... und plädiert für Frieden in einer Sprache, die sich selbst durch ihren deutschen Akzent verrät".[20] Doch er empörte sich gleichermaßen über protestantische Fundamentalisten, die „durch das Land zogen, um das nahende Ende der Welt zu verkünden und die Menschen aufzufordern, das Millennium und das Jüngsten Gericht abzuwarten", anstatt sich mit allen Kräften an den Kriegsanstrengungen zu beteiligen.[21] Solche Predigten kann man sich leicht vorstellen bei einem heutigen evangelikalen Prediger konservativen Schlags. Aber Mathews war weder das eine noch das andere: er war ein Liberaler in der Theologie und eher fortschrittlich in seiner (Innen-)Politik. Als solcher war er auch ein entschiedener Gegner des aufkommenden protestantischen „Fundamentalismus" der 1920er Jahre.

Mathews war zudem ein Sozialevangelist.[22] Er wurde 1912 zum Präsidenten des Bundesrates der Kirchen (Federal Council of Churches) gewählt und diente ein Vierteljahrhundert lang als Dekan der theologischen Fakultät (Divinity School) an der Universität von Chicago. Sein erstes und vielleicht einflussreichstes Buch hieß *Die Soziallehre Jesu: Ein Aufsatz in christlicher Soziologie*.[23] Hier (und anderswo) griff Mathews viele der zentralen Forderungen der fundamentalistischen Bewegung an, darunter den biblischen Literalismus, die Erbsünde und den DPP (siehe dazu Kapitel 3). An ihrer Stelle schlug er seine Interpretation des Christentums als sozialer Bewegung, Jesu als eines sozialen Visionärs und des Reiches Gottes als der Verwirklichung von moralischem und sozialem Fortschritt in dieser Welt vor. In Mathews ausgesprochen „modernistischer" Theologie war Gott nicht so sehr eine Person außerhalb der Geschichte, als vielmehr eine treibende Kraft innerhalb der Geschichte, eine Kraft für den Fortschritt.[24]

Nach damaligem Verständnis, waren Mathews' politische Ansichten ebenfalls progressiv, wiewohl keineswegs radikal. Innenpolitisch gesehen war Mathews eher ein republikanischer Reformist im Sinne von Teddy Roosevelt als ein progressiver Radikaler nach dem Muster von Walter Rauschenbusch. Er wollte die Reform, nicht aber eine Revolution. Was die Außenpolitik betrifft, setzte er sich eher für einen liberalen Internationalismus im Sinne von Woodrow Wilson ein als für den christlichen Pazifismus von Jane Addams.

Vom Rassismus kann man Mathews nicht ganz freisprechen, denn es hat den Anschein, dass er sich als „Angelsachse" verstand. Im Februar 1914, als sich der Beginn des Krieg abzeichnete, wurde Mathews von Andrew Carnegie zusammen mit anderen führenden liberal-protestantischen Theologen nach New York gerufen, um die Church Peace Union mit ins Leben zu rufen. Langfristiges Ziel dieser Union war die Abschaffung des Krieges und die Schaffung von Frieden „durch die Schlichtung internationaler Streitigkeiten" sowie die Reduzierung der Regierungsausgaben für die Landesverteidigung und die Förderung des friedlichen Handels insbesondere zwischen „den drei teutonischen Nationen, Deutschland, dem Vaterland, Großbritannien, dem Mutterland, und den Vereinigten Staaten, die weitgehend mit ihren Söhnen und Töchtern bevölkert sind".[25]

Doch als die Vereinigten Staaten 1917 in den Konflikt eintraten, streifte Mathews schnell seinen Teutonismus ab und stellte sich voll hinter die Kriegsanstrengungen.[26] Mathews und andere führende liberal-protestantische Geistliche griffen Wilsons Darstellung des Konflikts als „ein Krieg, um alle Kriege zu beenden" gerne auf. Sie waren davon überzeugt, dass der Krieg letztlich den sozialen Fortschritt beschleunigen würde, dass er tatsächlich dazu beitragen würde, das Königreich Gottes herbeiführen, so wie sie es verstanden, und dass den Vereinigten Staaten in diesem weltgeschichtlichen Drama eine besondere Rolle zukäme. Und als der Krieg schließlich zu Ende ging, stellten sie sich auch hinter Wilsons (erfolglose) Kampagne für einen Völkerbund (League of Nations).

Führende Fundamentalisten wie J. G. Machen stellten sich diesem Vorhaben schroff entgegen, sowohl dem amerikanischen Kriegseintritt als auch später dem geplanten Völkerbund.[27] Sie taten dies aus mehreren Gründen, teils aus theologischen, teils aus politischen. Als DPP-Anhänger der ersten Stunde beispielsweise interpretierten sie den Ausbruch des Krieges selbstverständlich als „Zeichen der Zeit" im Sinne der biblischen Prophetie. Und wenn das Ende tatsächlich nahe sei, so argumentierten sie, wäre es dann nicht vergeblich, sich auf diese Welt zu konzentrieren? Viel eher sollte man seine Kräfte der Seelenrettung widmen; und dies umso mehr, als alle Versuche, die Welt mit politischen Mitteln zu erlösen, von vornherein zum Scheitern verurteilt seien. Die Erlösung könne nur individuell sein, nicht gemeinschaftlich, und lasse sich nur durch die Gnade Jesu erreichen, nicht aber durch Menschentaten. Und habe nicht gerade die Brutalität des Ersten Weltkriegs diese pessimistischere Sichtweise der menschlichen Natur bestätigt? Wäre der Völkerbund nicht nur ein weiterer vergeblicher Versuch der sogenannten Liberalen, eine gefallene Menschheit mit politischen Mitteln zu retten? Im Übrigen hätte der Völkerbund die Vereinigten Staaten gezwungen, einen Teil ihrer so hart und mit Blut erkämpften nationalen Souveränität an ein internationales Gremium abzutreten, ein monströses Gremium zudem, in dem nicht nur Katholiken, sondern auch Muslime, Hindus und verschiedene andere „Heiden" vertreten gewesen wären. Wie die Modernisten betrachteten auch die Fundamentalisten die Vereinigten Staaten als „christliche Nation", die dazu berufen war, die Welt zu „christianisieren". Dies würde aber durch Bekehrungen und Missionen erreicht, nicht durch soziale Reformen und ökumenische Organisationen.

Wie kam es also dazu, dass sich der christliche Anti-Internationalismus der Fundamentalisten des frühen 20. Jahrhunderts mit dem amerikanischen Nationalismus ihrer Erben des späten 20. Jahrhunderts verband? Und wie mutierte der christliche Nationalismus der Modernisten des frühen 20. Jahrhunderts zum säkularen Internationalismus ihrer spätmodernen Nachfolger? Diese beiden miteinander verknüpften Transformationen spiegeln sich in den Lebenswegen zweier Übergangsfiguren aus der Mitte des 20. Jahrhunderts: Billy Graham und William Sloane Coffin Jr.

Heute wird Graham oft als Brückenfigur verehrt, als ein Mann, der amerikanischen Präsidenten beider Parteien, von Eisenhower bis Obama, als „spiritueller Berater" diente und in den Kulturkämpfen des späten 20. Jahrhunderts eine sorgfältige Neutralität aufrechterhielt.[28] Dieses Bild stimmt allerdings nur für die zweite Phase seiner Karriere.[29] Der Wendepunkt war der Watergate-Skandal. Graham hatte eine starke Beziehung zu Richard Nixon entwickelt und unterstützte ihn während seiner drei Kampagnen für die Präsidentschaft, da er Nixon für einen „christlichen Staatsmann" hielt. Deshalb waren Nixons Amtsenthebungsverfahren und sein Rücktritt für Graham besonders enttäuschend, und er hielt sich danach von der Parteipolitik fern.

Der junge Billy Graham der Nachkriegsjahrzehnte war noch voller Hoffnung und Ehrgeiz. Er hofierte Präsident Truman aggressiv, wenn auch erfolglos, und schloss dann ein für beide Seiten vorteilhaftes Bündnis mit Präsident Eisenhower ab. Zusammen mit Eisenhower malte er den Kalten Krieg als einen religiösen Kreuzzug gegen den „gottlosen Kommunismus" aus.[30] Durch die Hinzufügung der Worte „unter Gott" zum Treueschwur (Pledge of Allegiance), den jedes Schulkind jeden Tag in der Schule rezitiert, und „In God We Trust" auf amerikanischen Münzen holte Eisenhower die Religion zurück ins öffentliche Leben.[31] Graham erwiderte diesen Gefallen, indem er den amerikanischen Nationalismus und damit den amerikanischen Militarismus in einer Weise guthieß, wie es seine fundamentalistischen Vorfahren – und Zeitgenossen – nur selten getan hatten.

Aber Grahams Verständnis von christlichem Nationalismus unterschied sich immer noch erheblich von dem der gegenwärtigen Evangelikalen, einschließlich seines Sohnes und Erben Franklin. Es war noch mit einer gesunden Dosis liberalen Internationalismus durchsetzt. Der ältere Graham sprach vor den Vereinten Nationen und stand in enger Beziehung zu ihrem legendären Generalsekretär Dag Hammarskjöld. Theologisch gesehen mag Billy Graham den Fundamentalisten näher gestanden haben. Politisch hatte er jedoch in der Außenpolitik viel mit gemäßigten Modernisten wie Mathews gemein. In dieser Hinsicht befand sich Graham genau im „liberalen Konsens" der Mitte des 20. Jahrhunderts.[32]

In den 1960er Jahren begann der liberale Protestantismus diesen Konsens hinter sich zu lassen.[33] Diese Entwicklung lässt sich anhand von William Sloane Coffin Jr.s Lebensweg gut verfolgen.[34] Man kann sich kaum einen Mann vorstellen, der das „Northeastern Establishment" dieser Ära besser verkörperte. Coffin wuchs in einer wohlhabenden, angesehenen New Yorker Familie auf. Er war sportlich, intelligent und musikalisch begabt. Er lernte als Kind Französisch, studierte als Teenager Klavier in Paris und schloss seine Schulausbildung an der Phillips Andover Academy ab, einer berühmten Privatschule in Neu-England. Daraufhin studiert er an der Eliteuniversität Yale, wo er in den legendären Geheimbund Skull and Bones aufgenommen wurde (dem auch George Bush Sr. und Jr. sowie Bill Clinton und John Kerry zu ihren Zeiten angehörten). Während des Zweiten Weltkriegs wurde Coffin eingezogen und bald vom Offizierskorps und später von den Geheimdiensten (OSS und später CIA) rekrutiert. Er hätte hier sicher Karriere machen können, hätte Reinhold Niebuhr ihn nicht überzeugt, in die Theologie zu wechseln.

Coffin wurde daraufhin am Union Theological Seminary in New York und an der Yale Divinity School ausgebildet, diente als Kaplan erst bei Phillips Andover und Williams College, bevor er nach Yale zurückkehrte. Coffin war bestrebt, das amerikanische Christentum zu einer lebendigen Kraft für soziale Gerechtigkeit zu machen. Er war einer der ersten Weißen aus dem Norden, die sich den legendären Freedom Riders anschloss, die sich unter großem Risiko für die Aufhebung der Rassentrennung (segregation) in öffentlichen Verkehrsmitteln in den amerikanischen Südstaaten einsetzten. Er war auch einer der ersten amerikanischen Geistlichen, der sich gegen den Vietnamkrieg aussprach. Es war in der Tat ein bemerkenswerter Übergang vom Spross des Establishments zum Kind der Revolution, ein Übergang, den viele liberale Protestanten während der 1960er Jahre durchmachten – bevor sie und ihre Kinder sich in den folgenden Jahrzehnten zu säkularen Progressiven weiterentwickelten.[35]

Zu Beginn des 20. Jahrhunderts hatten sich konservative protestantische Fundamentalisten vehement gegen Amerikas Eintritt in den Ersten Weltkrieg und die Angelegenheiten der Welt ausgesprochen, während liberale protestantische Modernisten beides eher unterstützten. In den späten 1960er Jahren begannen sie jedoch, die Rollen zu tauschen. Konservative Evangelikale wie Billy Graham und liberale Protestanten wie William Sloane Coffin Jr. wiesen den Weg. Diese Transformation begann mit dem Kalten Krieg und endete mit den Kulturkämpfen der 1980er Jahre. Pfingstler und Fundamentalisten wie Pat Robertson und Jerry Falwell Jr., die sich erst als apolitische Sektierer ausgaben, wurden jetzt zu politischen Straßenkämpfern.[36] Graham hatte zwar das Skript verfasst, die Handlung aber nicht zu ihrem logischen Schluss geführt. Als er die Bühne verließ, übernahmen andere evangelikale Leiter bereitwillig die Rolle des christlichen Kalten Kriegers. Und als die Sowjetunion die Bühne verließ, wurde sie durch andere Feinde ersetzt: Saddam Hussein, Al Quaida, den IS und ganz allgemein den „radikalen Islam".

Aber indem sie die Hauptrolle übernahm, änderte die neue christliche Rechte auch das Drehbuch. Denn der christliche Nationalismus der Christlichen Rechten unterschied sich in mindestens drei wichtigen Punkten von dem seiner progressiven Vorgänger: 1) durch seine Verstrickung mit dem christlichen Zionismus;[37] 2) durch sein Bündnis mit dem konservativen Katholizismus;[38] und 3) durch seine Feindseligkeit gegenüber säkularen internationalen Institutionen – ja, gegenüber etablierten Institutionen überhaupt.

Wirtschaftspolitik: Vom sozialen Evangelium zum CEO Jesus

Der größte amerikanische Bestseller des späten 19. Jahrhunderts war das heute nur noch Fachleuten bekannte Buch *Looking Backward*[39]von Edward Bellamy.[40] Es stellte sich in die alte utopische Tradition von Thomas Morus und folgte dem aufkommenden Science-Fiction-Genre von H. G. Wells. Es erzählte die Geschichte von Julian West, einem modernen Rip Van Winkle, der 1887 in seinem Keller in Boston einschlief und im Jahr 2000 wieder aufwachte. Vieles hatte sich in der Zwischenzeit geändert. Das neue Schlafzimmer von West ist zum Beispiel mit elektrischen Ton- und Lichtsystemen ausgestattet. Aber Bellamys Roman war mehr auf soziale als auf technologische Veränderungen ausgerichtet. Wie Wests Gastgeber Dr. Leete erklärt, wurden Amerikas verschiedene Privatunternehmen zu einem einzigen, nationalen Unternehmen zusammengelegt und nun von einem wohltätigen Nationalstaat verwaltet. Private Ladengeschäfte wurden zu lokalen Warenhäusern zusammengefasst, die gute Waren zu fairen Preisen feilboten. Die amerikanische Arbeiterschaft wurde in einer großen „Industriearmee" organisiert. Einst drängende Probleme wie Ungleichheit, Not und Klassenkonflikte sind in diesem neuen „nationalen" System gelöst worden.

Bellamys Vision entspricht weitgehend der eines heutigen, säkularen Progressiven, so wie Bernie Sanders. Aber Bellamy war nicht ganz säkular. Er war in der Kirche groß geworden[41] und stammte aus der Familie von Joseph Bellamy, eines prominenten Theologen des Ersten Großen Erwachens. Auch sein Vater war Baptistenpfarrer, und seine Großvater mütterlicherseits ebenso. Bellamy selber trat später aus der Kirche aus. Nach einem langen Aufenthalt in Deutschland bekannte er sich zur politischen Linken. Er war aber weder Sozialist noch anscheinend Atheist. Der Sozialismus, wie er einmal bemerkte, „riecht für den Durchschnittsamerikaner nach Erdöl, suggeriert die rote Fahne mit allen möglichen sexuellen Neuerungen und spricht in einem spöttischen Ton über Gott und Religion". Bellamy zog es vor, seine Politik als „nationalistisch" statt als sozialistisch zu charakterisieren. *Looking Backward* ist voller biblischer Anspielungen. Das Buch fand in seiner Zeit große Zustimmung.[42] Hunderte von „nationalistischen Clubs" wurden in den Vereinigten Staaten gegründet, die sich der Diskussion und Umsetzung von Bellamys Ideen widmeten. Bei Bellamy, wie bei Bryan, erkennt man die damalige Wahlverwandtschaft zwischen konservativer Theologie und fortschrittlicher Politik, in diesem Fall der Wirtschaftspolitik.

In einem anderen Bestseller der Zeit sieht man die andere Seite der politischen Münze: die damalige Wahlverwandtschaft zwischen liberaler Theologie und konservativer Wirtschaftspolitik. Es handelt sich um *The Man Nobody Knows*.[43] Der fragliche Mann war Jesus Christus. Er war bekannt, wurde aber – so die Prämisse des Buches – falsch verstanden als Schwächling und Außenseiter. Der wahre Jesus war körperlich imposant, ein Führer der Männer, geliebt von Frauen. Er hatte mehr mit einem schnittigen Geschäftsmann als mit einem muffigen Geistlichen gemeinsam. Er rekrutierte eine fähige Gruppe von Anhängern. Er entwarf eine klare Botschaft und kreierte seine eigene Marke. Seine einst winzig kleine Firma wurde schließlich zu einer der erfolgreichsten Organisationen der Welt. Kurzum, Jesus war ein CEO oder, wie der Autor es ausdrückte, „eine außerordentlich erfolgreiche Führungskraft, die eine Organisation ge-

formt hat, die durch den Einsatz moderner Geschäftsmetho-
den ‚die Welt eroberte‘".

Der Autor des Buches hieß Bruce <u>Barton</u>.[44] Er war Republikaner, aber kein Fundamentalist. Im Gegenteil, er war ein
liberaler Protestant mit makellosem Stammbaum. Nachfahre
einer puritanischen Familie aus Neu-England wuchs er dem-
gemäß in einer kongregationalistischen Gemeinde auf. Zu
seinen Vorfahren mütterlicherseits gehörte John Davenport,
Mitbegründer der Puritaner Kolonie von New Haven (heute:
Bundesstaat Connecticut). Sein Vater war Pastor bei der First
Congregational Church in Oak Park, Illinois. Barton selbst
wollte anfangs auch Pastor werden, entschied sich jedoch
stattdessen für das Geschäftsleben, wo er großen Erfolg hatte. Als Mitbegründer der bahnbrechenden New Yorker Wer-
beagentur Barton, Durstine und Osborn münzte er selbst den
bekannten Markennamen Betty Crocker und wahrscheinlich
auch den von General Motors und General Electric. Als junger Mann neigte er zum Progressivismus im Sinne von Teddy
Roosevelt. In den 1920er Jahren verwandelte er sich zu einem Verfechter des *laissez-faire*-Kapitalismus und nach der
Weltwirtschaftskrise zu einem erbitterten Gegner der Sozialreformen von Franklin Roosevelt (des sogenannten „New
Deal"). Barton blieb sein ganzes Leben lang in der Republikanischen Partei aktiv. Er wurde mehrmals zum Kongressabgeordneten gewählt und kandidierte auch (erfolgslos) für
den Senat. Danach diente er einer ganzen Reihe republikanischer Präsidentschaftskandidaten, darunter Dwight Eisenhower, als inoffizieller Berater. Wie sein Biograf feststellt,
war er ein Mann, den tatsächlich jeder kannte.

Vieles hat sich seit Bartons Zeit verändert. Heutzutage
stünden politische und konfessionelle Loyalitäten in einem genau umgekehrten Verhältnis. Das Kind eines gläubigen Bap-
tisten-Predigers wie Bellamy würde sich nun höchstwahr-

scheinlich als wirtschaftskonservativer Republikaner identifizieren, und der Nachkomme eines Kongregationalisten-Pfarrers höchstwahrscheinlich als fortschrittlicher Demokrat. Wie lassen sich diese Umwälzungen der Wahlverwandtschaften erklären? Wie haben sich die liberalen Protestanten und ihre säkularen Nachkommen zu glühenden Verfechtern der sozialen Marktwirtschaft entwickelt? Und, vor allem, wie sind Fundamentalisten, Evangelikale und Pfingstler zu Aposteln des freien Marktes geworden?

Die Antwort auf die letztere Frage liegt teilweise im sozialen Aufstieg dieser einst unterprivilegierten Gruppen. Denn die verschiedenen Sekten, die in den heutigen Evangelikalismus mündeten, waren einst Gemeinden der Unterschichten. Die vier großen Erweckungsbewegungen in der amerikanischen Geschichte waren gewissermaßen populistische Aufstände gegen die kulturelle Herrschaft des Bildungsbürgertums mitsamt deren viel zu geschliffenen und selbstgenügsamen Pastoren.[45] Aber seit Anfang des 20. Jahrhunderts wurden diese armen Sekten immer wohlhabender und zu Beginn des 21. Jahrhunderts liegen das Einkommens- und Bildungsniveau der konservativen Evangelikalen fast beim nationalen Durchschnitt.[46] Zudem schafften es immer mehr Evangelikale bis in die innersten Kreise der amerikanischen Eliten. Sie waren nun an den Spitzen der Macht gut vertreten, in den Welten von Hollywood, Washington und Wall Street.[47] Je mehr die Evangelikalen von der bestehenden Wirtschaftsordnung profitierten, desto eher waren sie auch geneigt, diese Ordnung zu verteidigen.

Politik spielte natürlich auch eine Rolle. Seit der Weltwirtschaftskrise von 1929 und den darauf folgenden Wirtschaftsreformen waren führende konservative Geschäftsleute stets bestrebt, ein Bündnis mit führenden Fundamentalisten zu schmieden, die bei der öffentlichen Verteidigung des *laissez-faire*-Kapitalismus einspringen konnten.[48] Nach dem

Zweiten Weltkrieg knüpften sie auch Beziehungen zu leitenden Evangelikalen wie Billy Graham.[49] Der Austausch von Geld und Know-how zwischen erfolgreichen Geschäftsleuten und populären Erweckungspredigern war in den Vereinigten Staaten nichts Neues.[50] Die großen Erweckungsprediger von George Whitefield über Charles Finney bis hin zu Dwight Moody waren oft selbst ehemalige Geschäftsleute und unterhielten gute Kontakte zu – und erhielten große Spenden von – frommen Unternehmern. Auch die Schaffung interkonfessioneller Bündnisse auf nationaler Ebene war keine Neuheit. Die großen moralischen Kreuzzüge des 19. Jahrhunderts, vom Sabbatarismus über den Abolitionismus bis zur Abstinenzbewegung, hatten solche Dachorganisationen hervorgebracht. *Neu* waren aber Organisationen die es sich ausdrücklich zum Ziel setzten, den *laissez-faire*-Kapitalismus zu verteidigen, Organisationen wie das Christian Businessmen's Committee International. Neu war auch, dass sie direkt von wohlhabenden Geschäftsleuten statt von ordinierten Geistlichen geleitet wurden. Ebenso wichtig für die Verbreitung der neuen Wirtschaftstheologie waren Rotary und Kiwanis-Clubs sowie die Handelskammern, die von den selbstgerechten Kleinstadtunternehmern besetzt waren, die Sinclair Lewis in *Babbit,* seinem satirischen Roman von 1922, so gnadenlos persifliert hatte.[51]

Die Theologie spielt natürlich auch eine wichtige Rolle.[52] Linksgerichtete Beobachter übersehen häufig diesen Faktor, weil ihr eigenes Verständnis der christlichen Theologie implizit von der Tradition des Sozialevangeliums und seinen liberalen protestantischen Ablegern geprägt ist. Nach dieser Tradition machen der Dienst an den Armen und das Gebot der Nächstenliebe den ethischen Kern der christlichen Botschaft aus. Aber es gibt andere Lesarten. Zum Beispiel solche, die die Sündhaftigkeit der Menschheit betonten und das paulinische Gebot unterstrichen, dass keiner vom Schweiß des Anderen leben sollte. Aus dieser Perspektive kann der freie Markt auch als moralischer Mechanismus verstanden werden, der sicherstellt, dass jedem sein gerechtes Verdienst zukommt.

Das ist aber nur die eine Seite der theologischen Medaille. Auf der anderen Seite befindet sich die neuere Wirtschaftstheologie des sogenannten „Wohlstandsevangeliums" (*prosperity gospel*), die besagt, dass Gott seine Anhänger mit materiellem Segen überhäufen möchte und dass Christenmenschen nur darum beten müssen, was sie bekommen wollen. Wie die Historikerin Kate Bowler erklärt, entstand das Wohlstandsevangelium im frühen 20. Jahrhundert aus „drei verschiedenen, sich aber überschneidenden Strömungen": der Pfingstbewegung, dem Neuem Denken (New Thought) ... und einem amerikanischen Evangelium des Pragmatismus, Individualismus und Erfolgs".[53] Vom Pfingstlertum übernahm es die Kosmologie einer geisterfüllten Welt und einer Gegenwart voller Wunder,[54] dem Neuen Denken eine Theorie der verfügenden Macht des Geistes über die Welt der Materie,[55] und dem „amerikanischen Evangelium" – besser: der protestantischen Ethik – die Vorstellung, dass Heiligkeit durch Wohlstand bestätigt und Unmoral mit Armut bestraft wird.

Auf den ersten Blick scheint die Wirtschaftstheologie des Wohlstandsevangeliums mehr magisch als rational zu sein. Bei genauerer Betrachtung entdeckt man auch quasi-rationale Elemente. Die Wohlstandspredigerin Gloria Copeland lehrt z. B. die „100-fache Garantie": Für jeden Dollar, den man in Gottes Unternehmen (z. B. Copelands Missionen) „investiert", bekomme man exakt 100 Dollar zurück. Oder wie der Bestseller-Wohlstandsprediger Bruce Wilkinson es ausdrückt, der wissenschaftliche Beweis für sein Reichtums-

Rezept liege in „meiner Erfahrung und dem Zeugnis von Hunderten von anderen auf der ganzen Welt, mit denen ich diese Prinzipien geteilt habe".[56] Dennoch bleibt die evangelikale Bekehrung zur freien Marktwirtschaft insofern rätselhaft, als sie wenig Platz für eine Debatte über die christliche Pflichten gegenüber „den Geringsten" lässt. Diese Pflichten spielen jedoch in einer anderen Debatte eine sehr große Rolle: der Debatte über Geburtenkontrolle und Abtreibung.[57]

Sozialpolitik: Von „Hatrack" bis zu Roe vs. Wade

Am 6. April 1926, nicht einmal ein Jahr nach Abschluss des Scopes-Prozesses, standen H. L. Mencken und Clarence Darrow wieder zusammen vor Gericht, wenngleich in unterschiedlichen Rollen und in einer anderen Stadt. Mencken selbst war nun der Mann auf der Anklagebank, Darrow der Kommentator am Rande und Boston der Schauplatz des Geschehens. Mencken wurde angeklagt wegen der Veröffentlichung einer Kurzgeschichte namens „Hatrack" und des Handels mit Obszönitäten beschuldigt. Anklage erhoben hatte J. Frank Chase, Sekretär der New England Watch and Ward Society.[58] Die Gesellschaft wurde 1873 von führenden Bürgern der Stadt gegründet zur „Unterdrückung des Lasters". Sie unternahm Kampagnen gegen Prostitution, Glücksspiel und die Verbreitung „obszöner Literatur", und zwar als Teil einer nationalen Kampagne unter der Leitung von Anthony Comstock.[59] Comstock war der Gründer der „New Yorker Gesellschaft für die Unterdrückung des Lasters". Er war auch der Hauptlobbyist hinter einem Gesetz, das die Verteilung von Verhütungsmitteln und Abtreibungsmitteln verbot sowie jegliche diesbezüglich Information mittels der US-Bundespost. Ihm zu Ehren hieß es das „Comstock Gesetz."

Ähnlich wie beim Scopes-Prozess war die Hatrack-Affäre als Testfall konzipiert, diesmal gegen die öffentliche Zensur. Im Herbst 1925 und im Frühjahr 1926 hatte Menckens Zeitschrift *The American Mercury* eine Reihe von Artikeln veröffentlicht, die J. Frank Chase provozieren sollten. Der Tropfen, der das Fass zum Überlaufen brachte, war eine Kurzgeschichte über eine fromme und dürre Prostituierte (Spitzname: „Hatrack"), die sonntagmorgens mit ihren Kunden auf den Kirchenbänken saß und sonntagnachmittags auf dem örtlichen Friedhof ihre Geschäfte mit ihnen abwickelte. Angeblich beruhte die Geschichte auf wahren Gegebenheiten. Wie dem auch sei, Chase ließ die Geschichte in Boston gesetzlich verbieten, woraufhin Mencken ankündigte, dass er Exemplare im Bostoner Common verkaufen würde, und auch Chase dazu einlud, eines zu erwerben. Das tat Chase auch – und ließ Mencken dann umgehend verhaften. Eine Anhörung vor Gericht wurde für den nächsten Tag angesetzt. Chase bat darum, von einem mit ihm sympathisierenden, römisch-katholischen Richter angehört zu werden; stattdessen wurde er jedoch von zwei Bürgerrechtlern der Harvard Law School überlistet. Einer von ihnen war der künftige Richter am Obersten Gerichtshof, Felix Frankfurter. Der vorsitzende Richter hörte die Zeugen am gleichen Tag, las noch an dem Abend die Kurzgeschichte und wies den Fall am nächsten Morgen ab. Anschließend lud Frankfurter Mencken zu einem feierlichen Mittagessen an die Harvard Union ein, an dem mehrere hundert ihm zujubelnde Studenten teilnahmen.

Es war der Beginn vom Ende der Ära der Zensur.[60] Dies war sowohl ein großer Sieg für säkulare Liberale (z. B. Darrow) als auch für libertäre Elitisten (z. B. Mencken), deren Visionen von amerikanischer Demokratie und Freiheit jeweils auf individuelle Rechte und persönliche Autonomie ausgerichtet waren. Es war zugleich eine bittere Niederlage für liberale und konservative Christen, Protestanten wie Katholiken, deren Vision von Amerika die öffentliche Moral und den sozialen Zusammenhalt betont hatte. Denn anders als die Debatte über die Evolution hat die Debatte über die Zensur liberale Modernisten nicht gegen die konservativen Fundamentalisten ausgespielt. Und anders als die Debatte über Alkohol und Abstinenz hat sie auch nicht Protestanten und Katholiken in Opposition zueinander gebracht. Im Gegenteil, seit einem guten halben Jahrhundert herrschte unter den amerikanischen Christen große Einigkeit hinsichtlich der Überwachung und Durchsetzung öffentlicher Moral und Zensur. In diesem Zusammenhang ist der entscheidende Punkt hingegen, dass die verschiedenen Fronten in den Kulturkämpfen der 1920er Jahre – Evolution, Zensur und Abstinenz – gar nicht parallel zueinander verliefen, sondern sich mehrfach kreuzten.[61]

Das würde sich in den folgenden Jahren langsam ändern. Im zweiten großen Kulturkampf, der Ende der 1970er Jahre begann, verbündeten sich konservative Protestanten und Katholiken gegen säkulare Liberale und liberale Protestanten.[62] Der Streitpunkt: die Sexualmoral,[63] d. h. Pornographie, gleichgeschlechtliche Ehe und vor allem Abtreibung. Um zu verstehen, wie und warum diese Allianzen entstanden sind, muss man noch einmal einen Blick zurück auf die 1910er und 1920er Jahre werfen und die Aufmerksamkeit zunächst auf säkulare Liberale und progressive Katholiken richten.[64]

Die führende Figur seitens der säkularen Liberalen war Margaret Sanger. Heute wird sie oft als feministische Pionierin gefeiert, die für die Legalisierung der Geburtenkontrolle kämpfte.[65] Aber die Befreiung der Frauen und die Gleichstellung der Geschlechter war nur einer der Beweggründe für Sangers Engagement. Der andere war ihre tiefe Besorgnis über die „Überzüchtung von Untauglichen (unfit)". Sangers Interesse an der Geburtenkontrolle erwuchs teilweise ihren eigenen Erfahrungen als Kind und als junge Frau. Sie war das sechste von elf (überlebenden) Kindern in einer großen, irisch-katholischen Familie. Ihre gesundheitlich strapazierte Mutter starb in jungen Jahren. Später, als junge Ehefrau und Mutter in den Jahren vor dem Ersten Weltkrieg in New York City, arbeitete Sanger als Krankenschwester im Migrantenviertel von Manhattan und wurde Zeugin der gesundheitlichen Kosten häufiger Geburten, großer Familien und verpfuschter Abtreibungen. Sie erkannte in der Geburtenkontrolle eine Lösung und fing an, darüber zu reden und zu schreiben. Infolgedessen geriet sie bald in Konflikt mit den Comstock-Gesetzen. Anstatt einer gerichtlichen Vorladung nachzukommen, floh sie nach England. Dort kam sie in Kontakt mit Neo-Malthusianischen Denkern wie Charles Vickers Drysdale, der sich für die Geburtenkontrolle als Mittel zur Begrenzung des Bevölkerungswachstums einsetzte, sowie mit den Schriften britischer Eugeniker wie Francis Galton. Diese beiden Gruppen überschnitten sich häufig.[66] Viele Neo-Malthusianer waren auch Eugeniker, die sich für die „selektive Zucht" einsetzten, um die biologische „Fitness" der Bevölkerung zu steigern. Sanger teilte dieses Ziel. In einem Artikel aus dem Jahr 1921 in ihrer Zeitschrift *The Birth Control Review* beschrieb sie beispielsweise „das Ungleichgewicht zwischen der Geburtenrate der ‚Untauglichen' und der ‚Tauglichen'" als „die größte gegenwärtige Bedrohung für die Zivilisation". „[D]as dringendste Problem heute", fuhr sie fort, „ ist die Frage, wie die Überfruchtbarkeit von geistig und körperlich Behinderten eingeschränkt und unterdrückt werden kann".[67] In einem anderen Artikel, der ein Jahrzehnt später in der gleichen Zeitschrift erschien, empfahl Sanger sogar die erzwungene Sterilisation untauglicher Frauen und die pflichtmäßige „Ghettoisierung" untauglicher Familien, damit sie nicht das Erbgut der Tauglichen

„verschmutzten".[68] So kann es nicht überraschen, dass Sanger auch eine restriktive Einwanderungspolitik unterstützte.

Diese Mischung aus Feminismus, Eugenik und Nativismus war zu Sangers Zeiten auch unter liberalen Protestanten recht verbreitet.[69] Wie die Soziologin Melissa Wilde kürzlich gezeigt hat, erwiesen sich liberale protestantische Geistliche als besonders empfänglich für Sangers Botschaft, und zwar so sehr, dass die American Eugenics Society sogar einen jährlichen Preis ausschrieb für die beste Predigt über die Eugenik.[70] Es gab viele Bewerber. Zum Teil waren diese Prediger darauf bedacht, eine viktorianische Prüderie abzuschütteln, die sie als moralisch überholt betrachteten. Gleichzeitig waren sie jedoch bestrebt, die demografische Verdrängung weißer „angelsächsischer" Protestanten durch im Vergleich zu ihnen kulturell „Minderwertige" abzuwenden. Solche Ängste waren besonders bei den sozialevangelischen Christen im Nordosten der USA ausgeprägt, denn sie waren in diesen Jahren der Masseneinwanderung aus den Ländern Süd- und Osteuropas mit einer „Flut" von „kulturell Rückständigen" konfrontiert worden. Unter den konservativen Denominationen des Alten Südens waren solche Ansichten schwächer vertreten, wahrscheinlich weil die Einwanderungsrate dort niedriger und die rassischen Hierarchien stabiler waren.

Der heftigste Widerstand gegen die säkularen liberalen Befürworter von Geburtenkontrolle und Eugenik kam jedoch nicht von konservativen Protestanten, sondern von progressiven Katholiken. Das öffentliche Gesicht dieser Gruppe war Pastor John A. Ryan, umgangssprachlich als „Monsignor New Deal" bekannt, weil er das Reform-Programm von Franklin D. Roosevelt nachdrücklich unterstützte.[71] Wie Sanger wuchs Ryan in einer großen irisch-katholischen Familie auf. Anders als bei Sanger war seine Kindheit jedoch sehr glücklich. Zudem war er als Mann vom Schmerz und Elend der Kindergeburten weitgehend verschont. Ryan besuchte zuerst das St. Thomas Aquinas-Seminar in seiner Heimatstadt St. Paul, Minnesota, verfasste dann eine Qualifikationsschrift in Moraltheologie an der Katholischen Universität in Washington, D. C., und bekam anschließend Rufe an die theologischen Institute des St. Paul Seminary und später der Katholischen Universität. Ryans politische Ansichten deckten sich weitgehend mit denen William Jennings Bryans, ausgenommen in Fragen der Rassengleichheit. Ryan war ein früher Verfechter der Bürgerrechte für schwarze Amerikaner. Darüber hinaus bezog er lange vor dem Zweiten Weltkrieg deutlich gegen den Antisemitismus Stellung. Wichtig in diesem Zusammenhang ist, dass er die Geburtenkontrolle entschieden ablehnte. Er wies insbesondere auf die kulturellen und gesellschaftlichen Folgen der Geburtenkontrolle hin: „den Verlust des gegenseitigen Respekts zwischen Mann und Frau", wenn sie sich als bloße Mittel der sexuellen Befriedigung benutzen; den übermäßigen Genuss und die Verwöhnung von Kindern in kleineren Familien; und den Rückgang der nationalen Bevölkerung.[72] Wie viele andere Katholiken zu dieser Zeit war auch Ryan empört über die eugenischen Argumente zugunsten der Geburtenkontrolle mitsamt ihren nicht gerade subtilen Annahmen einer „rassischen" Überlegenheit der „White Anglo-Saxon Protestants" oder „WASPs".

Die öffentliche Debatte über Geburtenkontrolle dauerte bis zur Mitte des 20. Jahrhunderts. Die Abtreibungsfrage wurde demgegenüber in diesen Jahren nur wenig diskutiert, weil es keine großen Meinungsverschiedenheiten darüber gab.[73] Sogar Margaret Sanger lehnte die elektive Abtreibung ab. Es waren katholische Abtreibungsgegner, die sich zuerst auf die Menschenrechte beriefen. Katholische Denker wie Jacques Maritain und John Courtney Murray hatten während und nach dem Zweiten Weltkrieg eine katholische Doktrin der Menschenrechte entwickelt.[74] Katholische Abtreibungsgegner dehnten ihr Argument dann auf das ungeborene Leben aus. Sie verstanden ihren Widerstand gegen Abtreibung als die Verteidigung der Schwachen – der Ungeborenen. Später beriefen sich liberale Befürworter einer Legalisierung der Abtreibung (jüdische, christliche und säkulare) ebenfalls auf die Menschenrechte, die Rechte der Frauen und der Armen, die am meisten unter einer ungewollten Schwangerschaft zu leiden hatten.

Die konservativen Evangelikalen waren in der Tat die letzte Gruppe, die sich ins Getümmel stürzte. Zwar hatten einige prominente Fundamentalisten bereits in den 1940er und 1950er Jahren das Wort gegen die Abtreibung ergriffen; aber die meisten taten die Abtreibungsfrage eher als „eine katholische Sache" ab. Vielen fiel kein „biblisches Argument" gegen die Abtreibung ein. Den meisten war das Thema einfach gleichgültig. Unter den Evangelikalen war noch eine mittlere Position Konsens: Abtreibung sollte in einigen Fällen (z. B. bei Missbildungen des Fötus oder einem Risiko für die Mutter) erlaubt sein, nicht jedoch „auf Verlangen".

Ende der 1970er Jahre hatte sich die evangelikale Position verhärtet. Es gab viele Gründe für diese Entwicklung. An erster Stelle zu nennen ist der Einsatz von konservativen katholischen politischen Aktivisten (z. B. Richard Viguerie, Phyllis Schlafly und Richard John Neuhaus). Hinzu kam eine aktive Kampagne innerhalb der evangelikalen Gemeinde vonseiten reformierter Theologen wie insbesondere Francis Schaeffer. Sein Anti-Abtreibungsfilm von 1979, *Whatever Happened to the Human Race?*, wurde in Tausenden von Kirchenkellern gezeigt.[75] Ein dritter Faktor war das politische Kalkül der Republikanischen Partei. George H. W. Bush und andere Mitglieder der WASP-Elite, die die Partei den größten Teil des

20. Jahrhunderts geprägt hatten, waren im Grunde sowohl in wirtschaftlicher als auch in sozialer Hinsicht überzeugte Liberale im klassischen Sinne. Ronald Reagan und andere Republikaner aus dem amerikanischen Westen neigten oft zu einer eher libertären Haltung. Dennoch erkannten sie, dass die Abtreibungsfrage ein Keil war, den sie benutzen konnten, um die Evangelikalen des Südens und die Katholiken des Nordens von der Demokratischen Partei – und auch von ihren fortschrittlichen Ansichten zu wirtschaftlichen Fragen – abzuspalten. Dies war wohlgemerkt nicht der einzige Keil, den sie einsetzten: Rassismus war der andere und womöglich auch effektivere.

Weißer Rassismus: Das verborgene Hockerbein

Am 14. Januar 1963 wurde George Wallace als Gouverneur von Alabama vereidigt.[76] Genau an der Stelle, wo Jefferson Davis 102 Jahre zuvor den Amtseid als Präsident der abtrünnigen Südstaaten der „Confederate States of America" geleistet hatte, legte Wallace das berühmte Versprechen ab: „Rassentrennung jetzt, Rassentrennung morgen, Rassentrennung für immer!" In jenem Herbst trat Wallace auch bei den Vorwahlen der Demokratischen Partei für das Präsidentschaftsamt an, gegen den Amtsinhaber Lyndon Johnson. Im Frühjahr wurde ihm die Ehrendoktorwürde der Bob-Jones-Universität verliehen, einer fundamentalistischen Hochschule in Greenville, South Carolina. Ihr Präsident und Gründer, Bob Jones Jr., lobte Wallace für seine Verteidigung der „Rechte der Staaten" (states' rights), die einstige Kampfparole der Konföderation im Amerikanischen Bürgerkrieg. Da es verfassungswidrig gewesen wäre, wenn er für eine dritte Amtszeit als Gouverneur kandidiert hätte, kandidierte Wallace 1968 ein zweites Mal für die Präsidentschaft, diesmal parteiunabhängig. Er versprach höhere Ausgaben für die Rentenversicherung und die Gesundheitsfürsorge, einen raschen Rückzug aus Vietnam und ein Ende der Rassenintegration in öffentlichen Schulen und sonstiger föderaler Bemühungen zur Rassenintegration. Im gleichen Atemzug beschimpfte er „Hippies" und „Uni-Radikale" als „unamerikanisch". Mit anderen Worten: Wallace führte eine rechtspopulistische Kampagne, die den Wahlkampf von 2016 vorwegnahm. Aber das Ergebnis von 1968 sah anders aus: Wallace erhielt nur 13,5 % der Stimmen und gewann in nur fünf Bundesstaaten: Arkansas, Louisiana, Mississippi, Alabama und Georgia. Dennoch war es die erfolgreichste Kampagne eines parteiunabhängigen Kandidaten in der amerikanischen Geschichte.

Aus Angst, dass Wallace auch die Stimmen der weißen Arbeiterklasse im Norden abfangen könnte, setzte der republikanische Kandidat Richard Nixon eine etwas mildere Version von Wallaces rassistisch-populistischer Rhetorik ein.[77] Er lehnte „erzwungene Schulintegration"(„forced bussing") ab, attackierte Drogen, Kriegsdienstverweigerer und Abtreibung („acid, amnesty and abortion") und verteidigte „Recht und Ordnung". Es funktionierte. Nixon behielt die traditionell republikanischen Wähler des industriellen Mittelwestens und eroberte einige traditionell demokratische Wähler der nördlichen Südstaaten (Upper South) und hätte ohne Wallaces Kandidatur wahrscheinlich auch die restlichen Südstaaten gewonnen.

Nach Nixons Wahlsieg hat jeder erfolgreiche republikanische Präsidentschaftskandidat irgendwann in seinem Wahlkampf rassistische Rhetorik eingesetzt.[78] Ronald Reagan startete seine Präsidentschaftskampagne 1980 auf der Neshoba County Fair in der Nähe von Philadelphia, Mississippi, wo 1964 drei Bürgerrechtler brutal ermordet wurden. Reagans Vizepräsident und Nachfolger, George H. W. Bush, strahlte eine berüchtigte Wahlwerbung aus, in der ein schwarzer Häftling namens Willie Horton an einem Wochenende im Rahmen eines Freigang-Programms für Gefangene – ein Programm, das wohlgemerkt von Bushs Gegner, dem Gouverneur von Massachusetts Michael Dukakis, eingeführt worden war – Körperverletzung, Raub und Vergewaltigung beging. Während seiner Kampagne für die republikanische Nominierung im Jahr 2000 unterstellte Bushs Sohn, George W., dass eines von John McCains Adoptivkindern in Wirklichkeit sein schwarzes „Kind der Liebe" sei. Danach kam Donald Trump, der ganz offen sagte, was seine Vorgänger nur unterstellten.

Vom Ende des erfolglosen „Wiederaufbaus" der Südstaaten (1876) nach dem Bürgerkrieg bis zum Gleichstellungsgesetz (Civil Rights Act von 1964) gehörten die Länder der alten „Konföderation" zu den treuesten Wählern der Demokraten und waren in vielen Dingen – außer der Rassengleichheit – eher progressiv.[79] William Jennings Bryan verlor in seinen drei Kandidaturen für die Präsidentschaft in nur einem Südstaat. Franklin Roosevelt schnitt noch besser ab: In vier Wahlkämpfen verlor er keinen einzigen Südstaat. Dafür mussten er und andere Demokraten jedoch einen hohen Preis bezahlen. Die Sozialreformen des New Deal mussten so ausgearbeitet sein, dass sie die Rassenhierarchie der Südstaaten nicht bedrohten.[80] Der „Solide Süden", wie er damals hieß, fing erst kurz nach dem Zweiten Weltkrieg an zu zerbröckeln, als die Demokratische Partei begann, sich langsam hinter die Bürgerrechtsbewegung zu stellen.[81] Mit den Wahlen von 1968 konnte sich die Republikanische Partei als die dominante Kraft in den Südstaaten etablieren – bis heute. Im Laufe der nächsten vierzig Jahre hat jeder erfolgreiche republikanische Präsidentschaftskandidat jeden einzelnen Südstaat gewonnen. Der Süden war wieder solide: solide republikanisch.

Aber was, so könnte man fragen, hat denn Rasse mit Religion zu tun? Besonders heute? Es stimmt natürlich, dass die meisten Kirchengemeinden der Südstaaten die Sklaverei und später die Rassentrennungsetze (Jim Crow Laws) verteidigten und sich gegen Integrations- und Bürgerrechtsgesetze wandten.[82] Tatsächlich unterstützten viele Protestanten im Süden lautstark den weißen Rassismus und traten Anfang der 1900er und dann wieder in den 1960er Jahren dem Ku-Klux-Klan bei.[83] In dieser Hinsicht darf nicht vergessen werden, dass der KKK nicht nur um die Vormachtstellung der Weißen besorgt war, sondern auch eine erklärtermaßen *protestantische* Organisation war, die antisemitische, antikatholische und nativistische Ansichten vertrat. Darüber hinaus zeigt die wissenschaftlich belegte Rolle des Rassenhasses bei der Gegenreaktion auf Barack Obamas Präsidentschaft und beim Wahlerfolg Donald Trumps, dass solche Gefühle nicht annähernd so selten sind, wie viele Amerikaner bis vor kurzem gerne geglaubt hätten.[84] Gleichzeitig hat aber die Sozialforschung auch gezeigt, dass rassistische Vorurteile und Xenophobie unter weißen Evangelikalen viel weniger verbreitet sind als in anderen Segmenten der Trump-Koalition und am seltensten von allen unter den frommsten Evangelikalen.[85]

Wenn wir jedoch versuchen, die Entwicklung des progressiven Südens des frühen 20. Jahrhunderts zum konservativen Süden des frühen 21. Jahrhunderts zu verstehen, dann können wir Rassenfragen nicht außer Acht lassen, vor allem nicht in Bezug auf wirtschaftliche Fragen. Es hatte immer eine marktfreundliche, proto-libertäre Fraktion im evangelischen Lager gegeben. Aber sie war nicht besonders stark im Süden vertreten, wo weiße Fundamentalisten die progressive Politik des New Deal gerne unterstützten – solange sie den Schwarzen nicht zugutekam. Daher rührte Roosevelts Ausschluss der Agrararbeiter von der Rentenversicherung (Social Security). Es war ein politisches Zugeständnis an die demokratischen Gesetzgeber aus den Südstaaten, die verhindern wollten, dass schwarze Bauer und Feldarbeiter abgesichert würden. Als der Alte Süden (und damit auch viele weiße Evangelikale) immer wohlhabender wurden und die Demokratische Partei das soziale Netz ausbaute, so dass es auch schwarzen Amerikanern zugutekam, wurden die Weißen wirtschaftlich konservativer – und das nicht nur im Süden.

Zeitgenössische Sozialwissenschaftler sprechen manchmal von „strukturellem Rassismus".[86] Damit meinen sie institutionelle Regelungen, die die Rassenungleichheit auch ohne Rassenvorurteile aufrechterhalten. Oder einfacher gesagt: „Rassismus ohne Rassisten". Obwohl Rassenvorurteile verblasst (wenn nicht sogar verschwunden) sein mögen, bleiben viele der institutionellen Arrangements, die sie hervorgebracht haben, noch in Kraft. In diesem Sinne könnte man vielleicht auch von theologischem Rassismus sprechen. Während nur noch wenige weiße Evangelikale den weißen Rassismus offen verteidigen würden, leben einige der theologischen Positionen, die er hervorgebracht hat, noch weiter. Dies gilt insbesondere für den Widerstand vieler weißer Evangelikalen gegen den Wohlfahrtsstaat sowie für ihre Unterstützung „freier Märkte", insbesondere im amerikanischen Süden und Mittleren Westen, den historischen Kerngebieten der progressiven Bewegung des frühen 20. Jahrhunderts. Während die Unterstützung vieler Evangelikalen für die „Rassenversöhnung" zwischen einzelnen weißen und schwarzen Christen sicherlich lobenswert ist, bleibt sie letztlich insofern oberflächlich, als sie den sozialen und historischen Kontext der Rassenbeziehungen ausblendet.[87] Jede ernsthafte Abrechnung mit Rassismus wird daher von den Evangelikalen auch theologische

Überlegungen erfordern, d. h. Überlegungen darüber, wie rassistische Vorurteile auf ihr theologisches Verständnis historisch eingewirkt haben und es heute noch verzerren.

Schlussfolgerung: Babylonische Gefangenschaft oder Republikanische Gefangenschaft?

Es gibt keine Konstanten in der politischen Chemie. Wahlverwandtschaften können sich im Laufe der Zeit ändern und tun es auch. Politische Elemente, die 1920 noch zusammengehörten, tun dies 2020 nicht mehr. Im Jahre 1920 zum Beispiel waren konservative Protestanten oft progressive Demokraten. Wie William Jennings Bryan befürworteten sie Wirtschaftsreformen und lehnten den amerikanischen Imperialismus ab. Im Gegensatz dazu waren liberale Protestanten oft konservative Republikaner. Wie Bruce Barton waren sie gegen den New Deal und/oder wie Shailer Mathews befürworteten sie den amerikanischen Militarismus. Protestanten waren nicht die einzigen, deren Ansichten sich weiterentwickelten. Die amerikanischen Katholiken waren im Allgemeinen fortschrittlich. Sie unterstützten den New Deal und lehnten zum Beispiel die Abstinenzbewegung ab. Aber ihre entschiedene Stellung gegen die Abtreibung würde viele Katholiken allmählich in Richtung der Republikaner bewegen. Mit der Zeit wurden ihre wirtschaftlichen und außenpolitischen Ansichten ebenfalls konservativer. Dennoch ist die vielleicht augenfälligste Veränderung in der politischen Chemie Amerikas – um die Metaphern zu wechseln – der verblüffende Rollentausch zwischen liberalen und konservativen Protestanten: Aus liberalen Protestanten entwickelten sich progressive Demokraten, während sich konservative Protestanten zu konservativen Republikanern verwandelten.

Diese Umkehrung der Parteitreue ging Hand in Hand mit einer Umkehrung der regionalen Affinitäten, denn der einst solide demokratische Süden wurde republikanisch und der traditionell republikanische Nordosten demokratisch.

Wenn der Rollentausch die eine Dynamik darstellte, dann war die Angleichung der Kampflinien die andere. In der Wirtschafts- und Außenpolitik und bei der Parteitreue haben liberale und konservative Protestanten einfach die Plätze getauscht. In sozialen Fragen waren die Veränderungen jedoch viel komplizierter, denn die Fronten im Kulturkampf verliefen kreuz und quer durcheinander. Bis in die 1920er Jahre standen liberale und konservative Protestanten meist auf derselben Linie, auf der Seite der moralischen Reform. Sie unterstützten lokale und nationale Kampagnen gegen Alkohol, Glücksspiel, Prostitution und „Obszönität" aller Art. Die amerikanischen Katholiken unterstützten sie in einigen dieser Fragen (z. B. Obszönität), aber nicht in anderen (z. B. Alkohol). Ebenso stellte sich die aufstrebende Fraktion der säkularen Liberalen in einigen dieser Fragen (z. B. Zensur und Prohibition) gegen das protestantische Establishment, schloss sich aber in anderen Fragen (z. B. Geburtenkontrolle und Eugenik) den liberalen Protestanten an. In der ersten Runde der Kulturkämpfe – und das ist hier in der Tat der entscheidende Punkt – waren die Kampflinien nicht so sauber gezeichnet wie heute, mit Liberalen auf der einen Seite und Konservativen auf der anderen.

Es wäre verführerisch, daraus zu schließen, dass diese Veränderungen von der Theologie oder von Werten getrieben wurden – dass theologische Liberale einfach in Richtung liberale Politik und theologische Konservative in Richtung konservative Politik gingen. Obwohl dieses Narrativ sowohl für religiöse Konservative als auch für säkulare Progressive attraktiv sein mag, ist es auch viel zu vereinfachend. Fortschrittliche Evangelikale wie William Jennings Bryan hatten keine Schwierigkeiten, in den klaren Worten des Neuen Testaments theologische Rechtfertigungen für ihre politischen Positionen zu finden. Hatte Jesus nicht Nächstenliebe gepredigt und sich gegen Gewalt widersetzt? Mittlerweile hatten säkulare Liberale wie H. L. Mencken keine Schwierigkeiten, Argumente für Elitismus, Rassismus, Militarismus und Eugenik und gegen Demokratie, Gleichheit, internationale Zusammenarbeit und wirtschaftliche Umverteilung auf der Grundlage der Evolutionstheorie zu formulieren. Verstoßen letztere nicht schlichtweg gegen die ehernen Gesetze der „natürlichen Auslese"?

Eine vollständige Erklärung dieser teils merkwürdigen Entwicklung – dieser Angleichung der Fronten – zu bieten, würde leider den Rahmen dieses Buches sprengen. Aber selbst ein kursorischer Überblick lässt einen Schlüsselfaktor vermuten: Elitenwettbewerb und -allianzen. Der Zusammenprall zwischen fundamentalistischen und modernistischen Protestanten zu Beginn des 20. Jahrhunderts war nur ein kurzes Scharmützel in einem viel älteren und längeren Kampf. Es begann mit dem Streit zwischen Kirche und Sekte (der sog. „Antinomian Controversy") im puritanischen Neuengland, setzte sich mit dem Zusammenprall von theologischen Traditionalisten und Erneuerern („Old Lights" und „New Lights") im Laufe der ersten und zweiten großen Erweckungsbewegung fort. Damals waren die Kontrahenten konservative und fortschrittliche Theologen und Prediger. Heute sind die Hauptgegner religiöse Konservative einerseits – katholische, protestantische und jüdische – und säkulare Progressive andererseits – die post-christlichen Erben des liberalen Protestantismus.

Zu jedem Zeitpunkt haben diese religiösen Eliten säkulare Verbündete in den benachbarten Welten von Wirtschaft,

Politik und Kultur gesucht – und umgekehrt. Konservative Evangelikale haben sich unter anderem mit marktfreundlichen Wirtschaftseliten, neokonservativen politischen Eliten und – es lässt sich nicht verleugnen – weißen Rassisten verbündet. Deshalb haben sich ihre Ansichten über die Wirtschafts- und Außenpolitik grundlegend geändert, ihre Ansichten über die Rassengleichheit hingegen kaum. In der Zwischenzeit verbündeten sich ihre liberalen protestantischen Rivalen mit sozialen Bürgerrechtsbewegungen, Befürwortern des liberalen Internationalismus und, vielleicht am wichtigsten, mit der aufstrebenden „neuen Klasse" von Kulturproduzenten in Wissenschaft, Unterhaltung und Medien. Letzteres Bündnis ist ein unterschätzter Grund für die Selbstsäkularisierung des liberalen Protestantismus.

Ein Vorteil einer solchen langfristigen, historischen Perspektive ist folgender: Sie zeigt, dass die heutigen Kampflinien nur in die Erde geritzt und nicht in Stein gemeißelt sind. Sie haben sich schon einmal geändert und könnten sich wieder ändern. Hinzu kommt ein weiterer Vorteil: Sie zeigt auch, dass die heutigen politischen Partisanen weder die Tradition noch die Geschichte auf ihrer Seite haben. Denn es ist klar geworden, dass theologischer Konservatismus mit wirtschaftlichem Progressivismus und politischer Progressivismus mit sozialem Konservatismus zusammenging und wieder zusammengehen kann. Sie zeigt zum Beispiel, dass es biblische Argumente für soziale Gerechtigkeit gibt, die in den Worten Jesu und der hebräischen Propheten wurzeln, und auch, dass es säkulare Argumente für die Einschränkung der Abtreibungsrechte gibt, die auf den Prinzipien der Menschenrechte und des Schutzes der Schwachen beruhen. Wenn die Partisanen auf der linken wie auf der rechten Seite solche Argumente nicht hören können oder wollen, dann liegt es daran, dass ihre Positionen mehr mit ihren gesellschaftlichen Loyalitäten als mit ihren moralischen Prinzipien zu tun haben.

Es ist sehr gut möglich, dass die Zukunft des amerikanischen Christentums von den verstreuten Kräften der religiösen Mitte und Linken geschrieben wird, die vielleicht die Opposition der religiösen Rechten gegen Abtreibung teilen, aber sie mit Verpflichtungen zu sozialer Gerechtigkeit, Rasseninklusion und Umweltschutz und einer Akzeptanz gleichgeschlechtlicher Ehe verbinden. Aus den Streitpunkten können dann Anknüpfungspunkte werden. Ob sie dies tun, wird auch davon abhängen, ob die säkularen Progressiven sie als Verbündete annehmen oder weiterhin als Feinde des Säkularismus angreifen.

KAPITEL 5
Weißer christlicher Nationalismus

Die Wahl von Donald Trump ähnelte der Finanzkrise von 2008: Nur wenige haben sie kommen sehen. Wenig später, als der Schock nachließ, kamen die Diagnosen. Im Rückblick schienen die Ursachen deutlich genug: zunehmende Ungleichheit und anhaltender Rassismus.[1] Die Katalysatoren schienen ebenso deutlich: die Große Rezession und die Obama-Präsidentschaft. Trump selbst war nur der Brandstifter, der die Explosion schließlich auslöste – eine Explosion der Wut der weißen Arbeiter, die so mächtig war, dass sie ihn bis ins Weiße Haus katapultierte.[2]

Diese Erklärung ist nicht ganz falsch. Aber sie ist in ihrer Unvollständigkeit auch nicht ganz richtig. Ein Aspekt, der ausgelassen wurde, ist die Rolle der Religion, insbesondere der weißen evangelischen Religion. Rasse und Klasse spielten natürlich ihre Rolle: Die weiße Arbeiterklasse stimmte überproportional häufig für Trump.[3] Aber die Religion spielt womöglich eine noch größere Rolle als die Klasse: Denn während weniger als 70 % der weißen Wähler aus der Arbeiterklasse für Trump stimmten, taten dies über 80 % der weißen Evangelikalen.[4] Tatsächlich erhielt Trump einen größeren Stimmenanteil bei weißen Evangelikalen als jeder andere Kandidat in der modernen Geschichte der USA.

Auf den ersten Blick scheint dies verwirrend. Warum sollten die selbsternannten Verteidiger der Moral, der Höflichkeit und der Frömmigkeit für einen giftzüngigen seriellen Ehebrecher stimmen, der für sich beansprucht, nie um Vergebung gebeten zu haben? Nachdem sie sich als Verfechter der „Familienwerte" positioniert hatten, feuerten sie nun den „Pornostar-Präsidenten" (Pete Buttigieg) an. Nachdem sie ihre Gegner über die Bedeutung der „Höflichkeit" belehrt hatten, scharten sie sich um einen unflätigen Rüpel. Nachdem sie sich nach „bibelgläubigen" Anführern gesehnt hatten, katzbuckelten sie vor jemandem, der „2 Korinther" nicht korrekt aussprach.

Warum also haben weiße Evangelikale für Donald Trump gestimmt?

Die Frage wurde schon oft gestellt und es wurden mindestens vier Antworten vorgeschlagen: zynische Transaktion, negative Polarisierung, unzureichende Informationen und Rassenvorurteile. Im Folgenden wird eine fünfte Erklärung vorgestellt: weißer christlicher Nationalismus plus sozialer Konservatismus. Konkret wird gezeigt, dass: 1) Trumpismus eine säkularisierte Version des weißen christlichen Nationalismus ist; 2) viele weiße Evangelikale auch weiße christliche Nationalisten sind; und 3) die meisten anderen sozialkonservativ sind. Die weißen christlichen Nationalisten bevorzugten Trump bereits in den Vorwahlen; die Sozialkonservativen stellten sich aber erst bei der Präsidentschaftswahl hinter ihn. Hätten sie dies nicht getan, wäre Trump nicht der republikanische Kandidat gewesen und nicht Präsident geworden. Dass Sozialkonservative so gestimmt haben, gibt Anlass zur Sorge hinsichtlich ihrer demokratischen Gesinnung. Würden sie – werden sie – die Demokratie aufgeben, um ihre Macht zu schützen und ihren Kulturkampf zu gewinnen?

Warum haben (weiße) Evangelikale für Trump gestimmt?

Dem „transaktionellen" Erklärungsansatz zufolge war die Allianz zwischen dem Trumpismus und dem Evangelikalismus ein reines Tauschgeschäft. Trump würde konservative Richter ernennen und die Religionsfreiheit verteidigen. Führende Evangelikale würden ihre Anhänger mobilisieren und Stimmen sammeln. Die Richter würden gegen die Abtreibung und die gleichgeschlechtliche Ehe und für die Religionsfreiheit stimmen. Und die Evangelikalen würden alles moralisch gutheißen. Diese Erklärung wird sowohl von säkularen Journalisten als auch von leitenden Evangelikalen angeführt – eine unwahrscheinliche Allianz![5] Das offensichtliche Problem dieser Darstellung ist aber, dass sie nicht erklären kann, warum eine Vielzahl weißer Evangelikaler Trump bereits während der republikanischen Vorwahlen unterstützten, als noch Sozialkonservative mit evangelikaler Glaubensüberzeugung im Rennen waren, wie z. B. Jeb Bush, Ted Cruz oder Marco Rubio.[6] Das subtilere Problem des transaktionellen Erklärungsansatzes ist, dass er bei weitem zu rational ist. Viele weiße Evangelikale waren von Anfang an voller leidenschaftlicher Intensität für Trump.[7]

Die zweite Erklärung – „negative Polarisierung" – lässt mehr Platz für den Einfluss von Emotionen. Laut dieser Erklärung wurden die Trump-Wähler eher von Hass als von Liebe bewegt.[8] Die konservativen Evangelikalen hätten also nicht *für* Trump gestimmt, so heißt es, sondern sie hätten einfach *gegen* Hillary Clinton gestimmt. Nicht nur gegen ihre Politik, wohlgemerkt, sondern auch und sogar in erster Linie gegen ihre Person. Sie mochten Trump nicht wirklich, aber sie hassten Clinton von ganzem Herzen. Warum? Weil sie eine überzeugte Feministin war, die ihre Karriere über ihre Familie gestellt hatte; weil sie ihrem lüsternen und ehebrecherischen Ehemann immer wieder Rückendeckung gegeben hat; weil sie viele gute Amerikaner in ihren „Korb der Bedauernswerten" (basket of deplorables) geworfen hat. Aber handelte es sich wirklich um eine Entweder-oder-Entscheidung? Konnte man nicht Hillary hassen und zugleich Trump lieben? Haben viele Evangelikale Trump nicht in der Tat *angebetet?*

Natürlich. Aber das wirft eine andere Frage auf: Wie kann man einen solchen Mann lieben, nachdem man verstanden hat, wer er ist? Damit sind wir bei der dritten Erklärung angelangt: Die meisten Amerikaner sind schlecht informiert.[9] Sie wussten nicht genau, wer Trump ist, weil sie sich keine Zeit nahmen, um sich über die Kandidaten zu informieren; denn dies wäre keine „rationelle" Verwendung ihrer Zeit.[10] Ihre Stimme ist immerhin nur eine von Millionen. Sie betrachteten Trump als einen erfolgreichen Geschäftsmann, der wusste, wie man gute Deals machte. Oder vielleicht erinnerten sie sich daran, ihn im Fernsehen, in „The Apprentice" gesehen zu haben. So oder so stellten sie sich vor, dass er sich nach der Amtsübernahme „präsidentieller" benehmen würde. Aber waren die Anhänger von Trump wirklich so naiv? War es überhaupt möglich, so uninformiert zu sein über einen Mann, der so lange und erfolgreich das Rampenlicht gesucht hatte? Der so geschickt darin war, von den Medien „kostenlose Werbung" für seine eigene Person zu bekommen? Und: Glaubten nicht viele Evangelikale – und sie glaubten es wirklich –, dass Trump tatsächlich ein „neugeborener Christenmensch" war?[11] Ist es nicht genau das, was die Fernsehprediger ihnen versicherten?[12]

Es bleibt der vierte Erklärungsansatz: Rassismus. Vielleicht hatte Religion überhaupt nichts damit zu tun. Vielleicht war – und ist – Rassismus der Schlüssel. Vielleicht haben weiße Evangelikale wirklich nur als Weiße und nicht als Evangelikale gestimmt. Schließlich unterstützten ihre nichtweißen Glaubensgeschwister Trump nicht. Im Gegenteil, nicht-weiße Evangelikale stimmten sowohl während der republikanischen Vorwahlen als auch während der Präsidentschaftswahlen mit überwältigender Mehrheit für andere Kandidaten – meistens für Clinton.

Auf den ersten Blick klingt diese Erklärung überzeugend. Umfragen zeigen immer wieder, dass Trump-Wähler stärker mit rassistischen Vorurteilen behaftet sind als andere Wähler. Zudem kann es keinen Zweifel an Trumps eigenem Rassismus geben. Die Beweise sind einfach zu erdrückend: Seine juristisch belegte Geschichte der Diskriminierung von Schwarzen in Bezug auf seine Immobilien, seine falsche und oft wiederholte Behauptung, dass Barack Obama nicht in den USA geboren sei, seine berüchtigten Bemerkungen über „mexikanische Vergewaltiger", „Scheißloch-Länder" und „No-Go-Zones". Die Liste ließe sich ohne weiteres verlängern – und wird von Trump selbst fast täglich erweitert.

Aber die Beziehung zwischen Rassismus und Evangelikalismus stellt sich als weitaus komplizierter heraus, als viele liberale Beobachter zu erkennen scheinen.

Evangelikalismus und weißer christlicher Nationalismus

Warum haben also so viele weiße Evangelikale für Trump gestimmt? Und warum unterstützen ihn immer noch so viele? Es ist ein echtes Rätsel. Das Christentum ist eine universalistische Religionsgemeinschaft; es kennt keine Rassenunterschiede; es hat Anhänger jeglicher Hautfarbe. Es sagt uns, dass alle Menschen Gottes Kinder sind, nach seinem Bild geschaffen, und dass Jesus für *alle* Sünder gestorben ist. Amerikanische Evangelikale behaupten, dies alles zu glauben. Man sollte also erwarten, dass der christliche Glaube Rassenvorurteilen entgegenwirken würde, auch oder sogar besonders unter frommen, weißen Evangelikalen.

Und bei genauerem Hinsehen tut er das häufig. Meinungsumfragen zufolge sind gerade die gläubigsten Evangelikalen auch die am wenigsten mit rassistischen Vorurteilen belasteten. Umfragen zeigen insbesondere, dass Evangelikale, die angaben, häufig in die Kirche zu gehen, und die berichten, dass Religion für sie „extrem wichtig" ist, auch beispielsweise Ehen zwischen verschiedenen Rassen und nichtweiße Einwanderung eher akzeptieren.[13]

Aber gilt auch das Gegenteil? Sind die am wenigsten Frommen auch diejenigen, die die meisten Vorurteile haben? Nicht unbedingt. Es gibt einige Hinweise darauf, dass die gemäßigt Gläubigen – diejenigen, die angeben, ein- oder zweimal im Monat die Kirche zu besuchen, und die berichten, dass Religion für sie „ziemlich wichtig" ist – sogar noch voreingenommener sind als Nichtgläubige![14] Offensichtlich ist die Beziehung zwischen Rassismus und Evangelikalismus keine negative Wahlverwandtschaft, bei der das eine das andere abstößt. In manchen Fällen scheinen sich religiöse Überzeugungen und rassistische Vorurteile gegenseitig auszugleichen, in anderen scheinen sie sich jedoch gegenseitig zu verstärken. In der Sozialstatistik wird dies „Interaktionseffekt" genannt.

Welche „Interaktion" ist gemeint? Neuere Arbeiten des Politikwissenschaftlers Andrew Whitehead und des Soziologen Samuel Perry geben eine mögliche Antwort: „weißer christlicher Nationalismus".[15] Grob gesagt ist „weißer christlicher Nationalismus" (WCN) die Ansicht, dass Amerika von weißen Christen und für sie aufgebaut wurde und dass man, wenn man kein weißer Christ ist, auch kein „waschechter" Amerikaner sei.

Bei ihren Forschungen entdeckten Whitehead und Perry, dass verschiedene Stufen des WCN sehr stark mit verschiedenen Indikatoren von Rassenvorurteilen korrelieren. WCN korreliert auch stark mit einer Unterstützung des Militärs und einer Opposition gegen Waffenkontrolle.[16] Außerdem – und das ist in diesem Zusammenhang der springende Punkt – stellten Whitehead und Perry wiederholt fest, dass *der Zusammenhang zwischen evangelikalen Überzeugungen und*

*Rassenvorurteilen völlig verschwindet, wenn man eine statis-
tische Kontrolle für den WCN einführt.* Mit anderen Worten,
weißer Evangelikalismus ist nur mit Rassismus korreliert,
weil beide mit WCN korreliert sind. Sozialwissenschaftler
nennen dies eine „Scheinkorrelation". Darüber hinaus zeigt
sich, dass WCN nicht nur bei weißen Evangelikalen, sondern
auch bei konservativen Christen im Allgemeinen eine Hauptursache für Rassenvorurteile ist. Der WCN ist auch stark mit
Rassenvorurteilen (und der Unterstützung für Trump) unter
weißen Katholiken und nicht-evangelikalen Protestanten
korreliert.

Für Umfrageforscher wie Whitehead und Perry manifestiert sich WCN als ein Komplex von „Einstellungen" oder
„Überzeugungen", die miteinander korreliert sind – z. B.
Einstellungen zur Rasse und Glaubensüberzeugungen in Bezug auf Gott. Für einen historischen Soziologen aber erscheint WCN als ein Narrativ, in diesem Falle als ein Narrativ zur amerikanischen Nationalgeschichte.[17] Für einige
wenige weiße Evangelikale nimmt diese Geschichte wohl die
Gestalt einer expliziten Weltanschauung an. Für die meisten
wird sie wohl eher dem ähneln, was die Soziologin Arlie
Hochschild eine „Tiefengeschichte" (deep story) nennt, d. h.
ein nur halbbewusstes Narrativ, das die Wahrnehmung von
Vergangenheit, Gegenwart und Zukunft unterschwellig
strukturiert.[18]

Diese Geschichte geht ungefähr so: Amerika wurde als
christliche Nation gegründet. Die Pilger und die Gründerväter waren traditionelle Christen. Deshalb hat Gott Amerika
so lange so großzügig gesegnet und Amerika reich und mächtig werden lassen. Doch nun löst sich Amerika von seinem
christlichen Erbe und gehorcht nicht mehr den Gesetzen Gottes. Der Verlust wirtschaftlicher und politischer Macht be-
weist, dass Gott die Nation nicht mehr schützt. Die einzige

Möglichkeit, das Blatt zu wenden – die einzige Möglichkeit „to make America great again" –, ist die Rückeroberung des Landes durch die Christen – oder zumindest der entschlossene Widerstand gegen ihre Feinde: die Liberalen, Säkularisten und Humanisten, die jetzt die Oberhand haben.

Diese Geschichte hat christliche und nationalistische Elemente. In welchem Sinne ist sie jedoch „weiß"?[19] Die Neuengland-Puritaner bezweifelten, dass die Ureinwohner echte Christen sein könnten. Einige glaubten, dass sie – buchstäblich – die Kinder des Teufels seien.[20] Vor dem Amerikanischen Bürgerkrieg fragten sich die Südstaatler, ob schwarze Sklaven echte Christen sein könnten.[21] Einige glaubten sogar, dass Sklaven keine Seele hätten. Später, im ausgehenden 19. Jahrhundert, hegte die weiße protestantische Bevölkerungsmehrheit ähnliche Zweifel an italienischen und irischen Katholiken – nicht nur daran, ob sie echte Christen waren, sondern auch daran, ob sie tatsächlich weiß waren.[22] Die christliche Nation wurde schon immer im Gegensatz zu den einen oder anderen ethno-religiösen Außenseitern definiert.[23] Sie wurde immer als *weiße* christliche Nation gedacht.

Ist dies immer noch der Fall? In dieser Hinsicht funktionierte die Obama-Präsidentschaft als eine Art Rorschach-Test für den WCN.[24] Viele weiße Evangelikale hatten ein diffuses „Gefühl", dass Obama kein „waschechter Amerikaner" sei. Sein Name, seine Hautfarbe, seine Vergangenheit – all das war „irgendwie komisch". Sarah Palin war eine der ersten Politikerinnen, die diesem Unbehagen Ausdruck verlieh. Donald Trump machte daraus dann eine voll ausgebildete Verschwörungstheorie: die Theorie, nämlich, dass Obama eigentlich ein „heimlicher Muslim" sei, der nicht einmal in den Vereinigten Staaten geboren wurde, sondern in Kenia.

Kein Beweis genügte, um diesen Verdacht zu entkräften, nicht einmal die Veröffentlichung von Obamas Geburtsurkunde. Jeder „Gegenbeweis" wurde indes für bare Münze gehalten, wie z. B. ein Foto, das angeblich zeigen sollte, dass Obama dem muslimischen Brauch folge, seinen Ehering während des Ramadan[25]abzulegen. Sozialpsychologen bezeichnen diese beiden Tendenzen als „motiviertes Schlussfolgern" (motivated reasoning) bzw. als „Hang zur Bestätigung" (confirmation bias), wenn Beweise zurückgewiesen werden, die im Widerspruch zu den eigenen Annahmen stehen, und alle Beweise akzeptiert werden, die ihnen entsprechen. Dies ist ein Grund dafür, dass die Tiefengeschichte des WCN so resistent gegenüber Veränderung ist. Ein anderer ist, dass es eine sehr alte Geschichte ist, fast so alt wie die Idee von Amerika selbst.

Weißer christlicher Nationalismus: Eine kurze Geschichte

Es gibt allerdings viele, die meinen, dass WCN ein neues Phänomen sei. In ihrem 2006 erschienenen Buch *Kingdom Coming* verwendete die *New York Times*-Journalistin Michelle Goldberg die Bezeichnung „christlicher Nationalismus" als Schlagwort für theokratische Versionen des christlichen Konservatismus. Nach Goldbergs Sicht fällt der Aufstieg des christlichen Nationalismus mit dem Aufkommen der religiösen Rechten in den 1980er Jahren zusammen.[26] In jüngerer Zeit hat sich der Princeton-Historiker Kevin Kruse für einen etwas früheren Ausgangspunkt entschieden. Er behauptet, dass die Idee des „christlichen Amerikas" zuerst von einer Kabale von rechten Geistlichen und Wirtschaftsführern während des Kalten Krieges „erfunden" wurde.[27]

Was Goldberg und Kruse zur Zeitgeschichte des WCN sagen, ist im Großen und Ganzen richtig. Aber die von ihnen vorgeschlagenen Daten sind einfach falsch. Sie verwechseln das jüngste Wiederaufleben des WCN mit seinen historischen Ursprüngen.[28] Der WCN wurde nicht in den 1980er und auch nicht in den 1950er Jahren erfunden; im Gegenteil, er tauchte erstmals gut drei Jahrhunderte zuvor auf, während der ersten westlichen Expansion der Neuengland-Siedler und ihrer darauffolgenden brutalen Kriege mit den Ureinwohnern Amerikas.[29] Der WCN ist in den vergangenen Jahrhunderten immer wieder in Erscheinung getreten, zumeist in Zeiten militärischer Konflikte und Massenmigration. Heute ist der WCN besonders stark unter konservativen Evangelikalen verbreitet, aber sie haben kaum noch ein Monopol darauf. Im Gegenteil, wie in Kapitel 4 gezeigt wurde, gehörten sie einst zu den entschiedensten Gegnern des WCN.

Das ursprüngliche Rezept für WCN hatte zwei Zutaten: Blut und Apokalypse. Beide sind aus der Bibel destilliert. Die blutige Rhetorik stammt aus einer bestimmten (christlichen) Lesart der hebräischen Schriften, die ich an anderer Stelle als „Eroberungserzählung" bezeichnet habe.[30] Diese Lesart betont die Konflikte der Alt-Israeliten mit feindlichen „Nationen", ihre gewaltsame Eroberung des Gelobten Landes und die Abstammungslinie des jüdischen Volkes.[31] Sie enthält wiederkehrende Tropen von Blutopfern, blutiger Eroberung und Blutverwandtschaft. Kurz gesagt, sie macht Blut zu dem Zement, der die Nation zusammenhält.

Die apokalyptische Rhetorik stammt aus einer bestimmten Lesart des Buches Daniel und insbesondere der Johannesapokalypse. Weiße christliche Nationalisten lesen diese Texte in der Regel als wörtliche Berichte über zukünftige Ereignisse, die sich auf Erden abspielen werden (siehe Kapitel 3). Sie glauben, dass der Wiederkunft Christi eine große „Drangsal" vorausgehen wird, ein kosmischer Kampf zwischen übernatürlichen Wesen, ein Endkampf zwischen Gut und Böse, in dem die Vereinigten Staaten ein zentrales Schlachtfeld und später eine Schlüsselprovinz im Königreich Christi hier auf Erden sein werden.

In Wirklichkeit haben die Neuengland-Puritaner das Rezept nicht selbst erfunden. Sie haben es vor allem ihren englischen Vorfahren zu verdanken.[32] Aber die Puritaner haben das Drama für die amerikanische Bühne adaptiert.[33] Sie stellten sich Neuengland als ein „neues Israel" vor, ihr Gelobtes Land, und sich selbst als die wahren Nachfolger der Israeliten, Gottes neues „auserwähltes Volk".[34] Die Ureinwohner – „Indianer" – übernahmen in der Handlung die Rolle der Kanaaniter.[35] Etwas später stellten sich einige Neuengländer ihre Kriege mit den Eingeborenen als Eröffnungssalve in einer großen apokalyptischen Konfrontation vor, der Schlacht von Gog und Magog, die im Buch der Offenbarung beschrieben wird.

Wie jedes beliebte Rezept so gibt es auch dieses in zahlreichen Variationen, jede mit einer etwas anderen Mischung von Zutaten. Man denke an den „French and Indian War" (deutsch: Siebenjähriger Krieg). In diesem Konflikt verlief die nationale Grenze zwischen Großbritannien und Frankreich, die religiöse Grenze die zwischen Protestantismus und Katholizismus und die rassische Grenze zwischen „weiß" und „rot". In dieser Version des WCN wurden die Kolonisten mit der Krone identifiziert, und der Anti-Katholizismus ersetzte das Anti-Sektierertum.[36]

Betrachtet man nun den Amerikanischen Bürgerkrieg, so schuf er eine Neuauflage des WCN – die WASP-Version.[37] Die religiöse Grenze blieb weitgehend unverändert: Protestanten gegen Katholiken (obwohl die christlich-jüdische Grenze im Laufe des Jahrhunderts allmählich deutlicher wurde). Die nationale Grenze war nun die vorrückende Linie der westlichen und südlichen „Frontiers".[38] Und die „Farblinie" (color line), die Rassengrenze, gab es nun in mehreren Tönen: Schwarz war immer noch die wichtigste Farbe, aber es gab Beimischungen von Rot, Gelb und Braun, vor allem im Westen, als die Kämpfe mit den Einheimischen weitergingen, die ersten asiatischen Einwanderer ankamen und ehemals mexikanisches Gebiet – und Völker – gewaltsam in die USA eingegliedert wurden.[39] Dann kam die Zeit des amerikanischen Imperiums, als sich Rot, Gelb und Schwarz zu einer neuen Rassengrenze vermischten: „Braun".[40]

In der Zeit, die Kruse und Goldberg beschreiben und in der wir noch immer leben, geht es jedoch darum, die nationale Grenze zu fixieren und zu befestigen, anstatt sie nach außen zu verschieben. Die heutige religiöse Grenze verläuft zwischen Christen und Juden auf der einen Seite und Humanisten und Muslimen auf der anderen Seite. Und die Rassengrenze ist jetzt eher braun und schwarz als rot oder gelb, da der tragische Kampf mit den amerikanischen Ureinwohnern langsam aus dem nationalen Gedächtnis verschwunden ist und die asiatischen Amerikaner als „vorbildliche Minderheit" (model minority) gelobt werden.

Aber was hat der weiße christliche Nationalismus mit der Wahl von Donald Trump zu tun?

Trumpismus als weißer christlicher Nationalismus

Der Trumpismus wird oft als eine Variante des Rechtspopulismus beschrieben, und das zu Recht. Rechtspopulismus ist eine politische Ideologie, die das einfache Volk gegen eine korrupte Elite ausspielt, die sich selbst mit einem unverdienten Anderen verbündet hat; den Führer betrachtet sie als Mann des Volkes und als Geißel der Eliten, der das Volk verteidigt und den eindringenden Anderen vertreiben wird.[41] Dieser Populismus ist die Hauptquelle von Trumps Attraktivität für die weiße Arbeiterklasse. Aber der Trumpismus ist auch eine reaktionäre und säkularisierte Version des WCN und macht ihn so für viele konservative Christen attraktiv.

Trump zitiert nicht ausdrücklich die biblischen Erzählungen von Eroberung und Apokalypse. (Aufgrund seiner Bibel[un]kenntnisse wäre er dazu gar nicht in der Lage.) Aber sein ständiges Reden von „Siegen" und „Katastrophen" – immerhin zwei der beliebtesten Worte in Trumps Vokabular – erinnern an die zentralen Themen des WCN. Trumpismus ist in diesem Sinne säkularisiert. Er ist insofern reaktionär, als er 1) einen rhetorisch verdeckten gegen einen altmodisch offenen Rassismus eintauscht; und 2) moderne Euphemismen über „das ultimative Opfer" (ultimate sacrifice) eines Soldaten im Krieg zugunsten einer altmodischen Blutrhetorik fallen lässt. Ein gutes Beispiel für Letzteres ist eine zweifelhafte Geschichte über „muslimische Terroristen", die mit in Schweineblut getränkten Kugeln hingerichtet wurden, die Trump in seinen Wahlkampfreden 2016 gern erzählte – und dafür großen Beifall erntete.[42]

Trumpismus ist aber auch eine „neue und verbesserte" Variante des WCN, weil er drei zusätzliche Bestandteile beinhaltet: Viktimisierung, Messianismus und Anti-Elitismus.

Viktimisierung. Da ihre Zahl und ihr Einfluss stetig abnehmen,[43] verstehen sich religiöse Konservative zunehmend als Opfer – des Säkularismus, des Humanismus, des Multikulturalismus und so weiter. Tatsächlich glauben viele christliche Konservative heute im Ernst, dass sie die am meisten verfolgte Gruppe in Amerika sind – mehr als Afroamerikaner oder Muslime.[44] Wenn Christen nun vor Gericht gebracht werden können, weil sie sich weigern, eine Hochzeitstorte für ein gleichgeschlechtliches Paar zu backen oder eine Heiratsurkunde für ein schwules Paar zu unterschreiben, dann sind Konzentrationslager für Gläubige und öffentliche Bibelverbrennungen demnächst auf der Tagesordnung. Deshalb brauchen die amerikanischen Christen jetzt einen Beschützer, und zwar einen rücksichtslosen Beschützer.

Messianismus. Nicht-Evangelikalen mag Trump als ein unwahrscheinlicher Messias erscheinen. Für viele innerhalb der Gemeinde erinnert er jedoch an die Helden des Alten Testaments. Einige vergleichen Trump mit König David – auch ein Ehebrecher.[45] Aber die meisten vergleichen ihn lieber mit Kyrus, dem persischen König, der die alten Israeliten aus ihrer Babylonischen Gefangenschaft befreite und ihnen erlaubte, nach Jerusalem zurückzukehren und ihren Tempel wieder aufzubauen.[46] Wie Trump, so behaupten sie, war Kyrus ein heidnischer Mann, den Gott als Werkzeug benutzte, um sein Volk zu beschützen.

Anti-Elitismus. Der populistische Anti-Elitismus hat tiefe Wurzeln im Christentum. Jesus selbst machte sich manchmal über gelehrte Eliten wie die Pharisäer lustig und wetterte gegen die Reichen, wie es bereits die hebräischen Propheten vor ihm getan hatten. In seiner wohl berühmtesten Predigt, die mit den Seligpreisungen beginnt, stellte er die soziale Hierarchie der Antike auf den Kopf, indem er versprach, dass die Ersten die Letzten in seinem Königreich sein sollten.

Dieses anti-elitäre Erbe lebt im amerikanischen Protestantismus weiter. Der protestantische Anti-Elitismus hat zwei Hauptformen: den progressiven Reformismus und die konservativen Erweckungsbewegung. Der fortschrittliche protestantische Reformismus konzentrierte seine Kritik auf die wirtschaftlichen Eliten – die Geldwechsler, die in den Tempel der amerikanischen Demokratie eingedrungen sind, die Sklaventreiber, die vom Schweiße des Anderen reich geworden sind. Die konservative protestantische Erweckungsbewegung hat ihre Jeremiade auf die kulturellen Eliten konzentriert. Ihr ursprüngliches Ziel war der übergebildete,

„unbekehrte" liberale Klerus. In jüngster Zeit haben sie ihre Waffen auf die Besserwisser in Wissenschaft, Medien und Kunst gerichtet, die „kultivierten Verächter aller Religion" (Schleiermacher). Diese Form des Anti-Elitismus ist zu einem immer wichtigeren Element des heutigen WCN geworden.

Weiße christliche Nationalisten hoffen, dass Trump sie aus einem (angeblich) von den kulturellen (nicht wirtschaftlichen) Eliten dominierten amerikanischen Babylon befreit. Er wird ihr säkularer Messias, ihr politischer Befreier sein. War seine Wahl nicht ein Wunder, fragen sie? Wurde seine Präsidentschaft nicht von Gott gewollt?[47] Viele Evangelikale scheinen so zu denken, darunter seine frühere Pressesprecherin Sarah Huckabee Sanders, die Tochter von Mike Huckabee, einem evangelikalen Pastor, ehemaligen Gouverneur von Arkansas und ehemaligen Präsidentschaftskandidaten und derzeitigen Kommentator bei FOX News.[48]

Die Laufbahnen des Huckabee-Clans veranschaulichen in Reinheit die zunehmend verschwommene Grenzen zwischen dem evangelikalen Establishment, der Republikanischen Partei und nun auch dem rechten Medienkomplex, ebenso wie die moralischen Risiken, die sich daraus ergeben. Das war nicht immer so. Es ist noch gar nicht so lange her, dass religiöse Anführer vorsichtiger darin waren, eine gewisse Distanz zur Wahlpolitik einzuhalten. So leidenschaftlich sie auch in bestimmten Fragen fühlten, bekannten sie sich doch nicht öffentlich zu einer bestimmten Partei und kandidierten nur selten für ein politisches Amt. Billy Graham liefert das perfekte Beispiel. Obwohl er politisch nach rechts neigte, behielt er seine parteipolitischen Präferenzen für sich selbst und seine Tür blieb für Demokraten wie für Republikaner offen. Er diente fast ein halbes Jahrhundert lang als „spiritueller Berater" für die Präsidenten beider Parteien. Sein Sohn und Erbe, Franklin Graham, ist dagegen ein überzeugter und lautstarker Republikaner und war einer von Trumps frühesten und streitlustigsten evangelikalen Anhängern. Er hätte niemals einer Präsidentin Hillary Clinton Seelsorge angeboten.

Unterstützen weiße Evangelikale immer noch die amerikanische Demokratie?

In den letzten vier Jahrzehnten hat diese immer enger werdende Umarmung zwischen religiösen und politischen Konservativen wohl beiden Seiten genutzt und sie gestärkt. Religiöse Konservative haben mehr Aufmerksamkeit für ihre Hauptanliegen bekommen – ihren Widerstand gegen Abtreibung und gleichgeschlechtliche Eheschließung. Im Gegenzug haben sich die politischen Konservativen in Wahljahren loyale Fußsoldaten gesichert.

Aber diese Zeiten sind vielleicht vorbei. Die Umarmung ist zum Würgegriff geworden. Die Allianz zwischen religiösem und politischem Konservatismus entfremdet jüngere Wähler von kirchlicher Religion jeglicher Art.[49] Was die republikanische „Basis" betrifft, so befindet sie sich seit fast zwei Jahrzehnten im demografischen Niedergang. Die „Grand Old Party" ist deutlich älter, weißer und religiöser als die Bevölkerung insgesamt, die von Tag zu Tag weniger weiß und zunehmend säkularer wird. Die einst stolze „moralische Mehrheit" ist heute eine alternde und zunehmend diskreditierte Minderheit.

Natürlich ist Demografie nicht gleich Schicksal, auch nicht in einer Demokratie. Im Niedergang befindliche Mehrheiten akzeptieren nicht immer den Minderheitenstatus, freiwillig schon gar nicht. Stattdessen streben sie oft nach einer Minderheitsherrschaft. So herrschten weiße Minderheiten in den Südstaaten nach dem Amerikanischen Bürgerkrieg fast ein Jahrhundert lang. Schwarze Stimmen – und schwarze Körper – wurden systematisch und gewaltsam unterdrückt, um die weiße Vorherrschaft an der Wahlurne zu erhalten. Wenn diskriminierende „Kopfsteuern" und „Wahltests" nicht zum gewünschten Erfolg führten, griffen die Rassenterroristen des KKK ein.

Die ersten beiden Jahre der Trump-Administration waren auch eine Zeit der Minderheitenherrschaft. Alle drei Zweige der Regierung wurden tatsächlich von einer Minderheit gewählt. Trump hat keine nationale Stimmenmehrheit bekommen, ebenso wenig wie die republikanischen Kongressabgeordneten, die dennoch die Mehrheit der Sitze belegten, sowohl im Repräsentantenhaus als auch im Senat. Hinzu kommt, dass der Senat berechtigt ist, auf Lebenszeit währende konservative Mehrheiten am Obersten Gerichtshof einzusetzen (Merrick Garland, nominierter Kandidat der Obama Regierung, wurde vom republikanischen Senat abgesägt und sein Platz für eine künftige post-Obama-Zeit „reserviert"). Nichts davon war offenkundig verfassungswidrig. Vielmehr hat die Republikanische Partei bestimmte Eigentümlichkeiten des amerikanischen Verfassungssystems geschickt ausgenutzt: die Rolle der Wahlmänner in den Präsidentschaftswahlen, die Kontrolle der bundesstaatlichen Gesetzgeber über die Neueinteilung der Wahlbezirke sowie die Tatsache, dass der US-Senat eher das Territorium als die Bevölkerung repräsentiert. Die Ironie dabei: Dieses System wurde so konzipiert, um eine Tyrannei der Mehrheit zu verhindern. Zurzeit wird es hingegen dazu ausgenutzt, um die Herrschaft einer Minderheit zu installieren.

Das derzeitige System der Minderheitsherrschaft bewegt sich zwar immer noch im Rahmen der US-Verfassung nach heutigem juristischem Verständnis, verstößt aber gegen das demokratische Mehrheitsprinzip. Die Frage ist indes, was die jetzt regierende Minderheit in den kommenden Jahren bei weiter sinkenden Zahlen ihrer Mitglieder willens und zu tun bereit ist, um ihre politische Macht zu erhalten oder wiederzugewinnen. Ist sie bereit, den Wortlaut der Verfassung zu verletzen, nachdem sie bereits ihren Geist verletzt hat? Versucht sie, andere Gruppen ihrer Bürgerrechte zu berauben, nachdem sie schon die Menschenrechte von Migranten ohne Papiere verletzt hat?

Beim ersten Blick scheinen diese Sorgen vielleicht übertrieben. Das sind sie aber nicht. Man darf nicht vergessen, wie eine unheilige Allianz aus Rechtspopulisten und religiösen Nationalisten in den letzten Jahren die liberale Demokratie in vielen anderen Ländern untergraben hat. Ob dies auch in Amerika passiert, wird nicht zuletzt von weißen Evangelikalen abhängen.

Schlussfolgerung: Können evangelikales Christentum und liberale Demokratie koexistieren?

In einem Anfang 2017 veröffentlichten und viel diskutierten Buch erläuterten die Harvard-Politikwissenschaftler Steven Levitsky und Daniel Ziblatt, wie und warum Demokratien sterben.[50] Ihr Befund: Demokratien sterben in der Regel keinen plötzlichen und gewaltsamen Tod. Vielmehr werden sie langsam und friedlich durch die Hand ihrer eigenen demokratisch gewählten Führer getötet.

Der erste Schritt zur Untergrabung der liberalen Demokratie ist die Wahl eines autoritären Führers. Als autoritärer Politiker gilt jemand, der: 1) die Regeln des (Wahl-)Spiels ablehnt; 2) die Legitimität seiner politischen Gegner verleugnet; 3) Gewalt gegen seine Feinde toleriert oder dazu ermutigt;

und 4) die bürgerlichen Freiheiten seiner Kritiker beschneidet. Nach diesen Kriterien ist Donald Trump ohne Zweifel ein autoritärer Politiker.

Der nächste Schritt beim Kollaps der Demokratie ist die Konsolidierung der Macht. Typischerweise werden drei Taktiken angewandt: 1) „das Einfangen der Schiedsrichter": Beamte, die das Gesetz durchsetzen, werden ersetzt durch Anhänger, die nur dem Anführer gehorchen; 2) Ausschaltung der Kritiker: Mächtige Gegner in Politik, Medien und Wirtschaft werden durch Günstlingswirtschaft, Einschüchterungen und Ermittlungen kaltgestellt; 3) Veränderung der Spielregeln: Das Spielfeld wird zu eigenen Gunsten geneigt durch die Unterdrückung oppositioneller Wählergruppen, die Neueinteilung von Wahlkreisen und ähnliche Taktiken. Die Trump-Administration und ihre Komplizen im Kongress haben bereits bedeutende Fortschritte bei allen Punkten gemacht.

Levitsky und Ziblatt zufolge hängt der (Miss-)Erfolg solcher Taktiken entscheidend vom Verhalten *konservativer* Partei-Eliten ab. Führende Konservative können die Demokratie verteidigen, indem sie 1) autoritäre Führungspersönlichkeiten aus der Partei ausgrenzen; und 2) bürgerlich-demokratische Normen und rechtsstaatliche Institutionen aufrechterhalten. (Wie dies im Frühjahr 2020 beispielsweise gegenüber der AfD im Thüringer Landtag geschah.) Bislang haben die republikanischen Eliten mit nur wenigen Ausnahmen in beiden Punkten versagt. Sie konnten die Nominierung von Trump nicht verhindern (obwohl einige es versuchten), und sie haben Trumps wiederholte Angriffe auf Demokratie und Rechtstaat schweigend hingenommen und in manchen Fällen sogar bejubelt. Bis auf einen Mann – Mitt Romney – stimmten sämtliche republikanische Senatoren Anfang 2020 für Trumps Freispruch im Amtsenthebungsverfahren.

Als eine Schlüsselfraktion der republikanischen Eliten tragen auch leitende Evangelikale eine Mitschuld an diesem Zustand. Nur einige wenige haben öffentlich gegen Trump Stellung bezogen, teilweise auf Kosten der eigenen Sicherheit (z. B. Russell Moore und Peter Wehner). Andere haben ihn von Anfang an unterstützt, in der Hoffnung, Macht und Zugang zu gewinnen (Franklin Graham und Jerry Falwell Jr.). Die meisten haben sich entweder angepasst oder geschwiegen (z. B. Albert Mohler und Rick Warren). Wenn sie dies weiterhin tun, könnten sie sich am Tod der amerikanischen Demokratie mitschuldig machen.

Aber sie werden nicht allein dafür verantwortlich sein. Einige säkulare Progressive sind so sehr außer sich geraten über die Allianz zwischen konservativen Evangelikalen und der Republikanischen Partei, dass sie sich weigern, mit nicht-weißen Evangelikalen und anderen potenziellen Verbündeten der religiösen Linken auch nur das Geringste zu tun zu haben.

SCHLUSSFOLGERUNG
Die Konstantinische Versuchung

Mine eyes have seen the glory of the coming of the Lord
He is trampling out the vintage where the grapes of wrath are
stored
He hath loosed the fateful lightning of His terrible swift sword
His truth is marching on!

Mein Auge sah die Ankunft unseres Herrn in ihrem Ruhm.
Er stampfet aus die Kelter, wo des Zornes Früchte ruhn;
Schon blitzt Sein schrecklich schnelles Schwert, kündt Unheil
bösem Tun:
Seine Wahrheit schreitet voran.
    Julia Ward Howe, Battle Hymn of the Republic (1861)[1]

Am 7. Dezember 2012 wurde das Originalmanuskript der Schlachtenhymne der Republik für 782.500 Dollar versteigert.[2] Der Käufer war ein wohlhabender evangelikaler Christ namens Steve Green. Angesichts der ihm zur Verfügung stehenden Gelder war dies ein geringfügiger Preis. In jenem Jahr stand Greens Vater David auf Platz 79 der Forbes-Liste der wohlhabendsten Amerikaner, mit einem geschätzten Nettovermögen von 3 Milliarden Dollar.[3] Die Quelle des Familienreichtums ist „Hobby Lobby", eine große Ladenkette für Heimwerker und Bastler. Ein großer Teil des Familienvermögens wird zur Unterstützung evangelikaler Anliegen, u. a. für Jerry Falwells Liberty University in Lynchburg, Virginia, verwendet. Wie Bruce Barton, den wir in Kapitel 4 kennengelernt haben, sieht der ältere Green seinen Glauben und sein Geschäft aufs Engste miteinander verknüpft. Seiner Ansicht nach „besagt Gottes Wort nur Positives über Business".[4]

2012 war ein hektisches Jahr für die Familie Green. Drei Monate vor der Versteigerung bei Christies reichten die Anwälte von Hobby Lobby eine Klage gegen den Affordable Care Act (ACA) ein, das Gesundheits-Reformgesetz von 2010, das umgangssprachlich als „Obamacare" bekannt ist.[5] Gemäß den Bestimmungen des Gesetzes mussten die vom Arbeitgeber gesponsorten Krankenversicherungen den Schutz durch Verhütungsmittel für weibliche Beschäftigte beinhalten. Die Greens argumentierten, dass einige der Verhütungsmethoden, die in diesen Versicherungsplänen enthalten sind (z. B. die Spirale und „die Pille"), zu de facto Abtreibungen führen könnten, weil sie die Einnistung einer befruchteten Eizelle verhindern könnten. Sie behaupteten daher, dass „Obamacare" eine Verletzung ihrer tiefsten religiösen Überzeugungen darstelle. „Burwell v. Hobby-Lobby", wie der Fall hieß, wurde schließlich 2014 vor dem Obersten Gerichtshof der Vereinigten Staaten verhandelt. Wie so oft in Fällen, in denen es um heikle Fragen des Verhältnisses von Staat und Kirchen geht, fällte das Gericht eine sehr eng begrenzte Entscheidung.[6] Es befreite zwar Hobby Lobby und andere Privatunternehmen von der Verhütungsregelung mit der Begründung, dass es die Religionsfreiheit der Eigentümer verletze. Aber es hat sich nicht zur weitergehenden Frage geäußert, ob sich private Unternehmen *qua* korporative „Rechtspersonen" auf ein „individuelles" Recht auf Religionsfreiheit berufen können.

In der Zwischenzeit arbeitete der jüngere Green hart an einem weiteren Projekt: dem Bau eines Bibelmuseums, das symbolisch gelegen nur wenige Blöcke von der National Mall in Washington D. C. entfernt ist.[7] Aus diesem Grund erwarb er Howes Manuskript. Es war nur eine von vielen Erwerbungen für die Sammlungen des Museums, das seine Türen im November 2017 öffnete. Das Museum ist in einer ehemaligen Lokhalle untergebracht und verfügt über eine Fläche von insgesamt ca. 40.000 Quadratmetern, die sich auf acht

Stockwerke verteilt. Die Fassade des Museums ist entschieden modern, das Innere selbstbewusst traditionell – ein bisschen wie der Evangelikalismus selbst. Im Inneren befinden sich zahlreiche Ausstellungen sowie mehrere Theater, eine wissenschaftliche Bibliothek und ein Restaurant, so wie man sie auch in jedem säkularen Museum finden würde. Zu den Dauerausstellungen gehören zahlreiche Leihgaben des Vatikans und der israelischen Antikenbehörde. Zu den temporären Exponaten, die derzeit ausgestellt sind, gehört der „Wandteppich aus Licht", der aus speziellen fluoreszierenden Nanofasern gewebte Bilder der Apokalypse aus der Offenbarung des Johannes zeigt.[8]

Und damit kommen wir auf Howes Hymne zurück. Auch ihre Hymne ist eine künstlerische Darstellung der Apokalypse, wenn auch eher eine poetische als eine bildliche. Die Eröffnungsstrophe, die das Epitaph für diese Schlussfolgerung bildet, bezieht sich auf ein Bild aus Kapitel 19 der Offenbarung. Das Kapitel beginnt mit einem allgemeinen Jubel im Himmel darüber, dass endlich das göttliche Gericht über „die Hure Babylon", „die große Hure gerichtet, die mit ihrer Unzucht die Erde verdorben hat", gefällt wurde. Es wird ein großes Fest gefeiert. Plötzlich öffnet sich der Himmel und Jesus steigt vom Himmel herab, in ein weißes, blutgetränktes Gewand gekleidet, auf einem weißen Pferd reitend und aus seinem Mund ein scharfes Schwert kommend. Dann ziehen er und seine Armee in die Schlacht gegen die Truppen des Antichristen, die besiegt und in einen See aus Feuer geworfen werden.

Howe selbst hätte diese Passage zu ihrer Zeit nicht wörtlich gelesen.[9] Sie war eine „Postmillennaristin" und keine „Prämillennaristin" (siehe Kapitel 3). Howe ist in einer frommen und wohlhabenden episkopalistischen Familie in New York City groß geworden. Ihr Mann stammte aus einer ebenso wohlhabenden, aber liberalen und unitarischen Familie aus Boston, deren religiöse Ansichten ihren eigenen entsprachen. Sie sprach fließend französisch und deutsch und ist als junge Frau durch Europa gereist. Mit ihrem Ehrgeiz, sich als Schriftstellerin einen Namen zu machen, veröffentlichte sie mehrere Gedichtbände sowie literarische Essays in renommierten Zeitschriften wie *The Atlantic* und *The New York Review*. Sie und ihr Mann setzten sich für verschiedene Reformanliegen ein. Beide waren glühende Abolitionisten (auch wenn sie kaum alle Rassen und Religionen für gleich hielten). Es waren diese Anliegen, die sie schließlich Anfang 1861 kurz mit Präsident Lincoln zusammenbrachten und dann zu einer Predigt des berühmten unitarischen Predigers William Henry Channing führten. Channing predigte, der Bürgerkrieg sei ein „HEILIGER KRIEG" und „die vorsehungsgemäße Methode der nationalen Erlösung".[10] Howe stimmte dem offenbar zu. Kurz darauf verfasste sie ihre Schlachtenhymne.

Nach dem Bürgerkrieg, erklärt der amerikanische Historiker Richard Gamble, „wurde Howes Lied sehr bald zu dem bevorzugten Mittel, den Sieg zu feiern, die Unionsveteranen zu ehren, der Kriegstoten zu gedenken und die Amerikaner für neue Schlachten an der heimischen Front und in der Karibik und im Pazifik zu mobilisieren, auch in Europa, Südostasien und im Nahen Osten".[11] Mehr noch, es wurde zur beliebtesten Hymne all jener „Amerikaner, die sich mühelos zwischen Religion, Politik und Krieg bewegen ... um ihren Gott und ihre Nation gleichzeitig zu ehren".[12] Es wurde, kurz gesagt, zu einer religiösen Form der Nationalhymne, oder, genauer gesagt, zur Hymne des amerikanischen religiösen Nationalismus.

Die Reise von Howes Manuskript in sein neues Zuhauses, in Verbindung mit den Geschichten der Familien Howe und Green, veranschaulicht viele der Hauptthemen dieses Buches *en miniature*:

– die Übergabe des religiös-nationalistischen Staffelstabes von liberalen Protestanten an konservative Evangelikale;
– das Ende des WASP-Establishments mit seiner Mischung aus Reformpolitik und antikatholischen und antisemitischen Vorurteilen, und seine Ersetzung durch ein neues weißes evangelikales Establishment, das mit konservativen Katholiken eng verbündet und von Israel zutiefst beeindruckt ist;
– die dominierende Rolle wohlhabender Geschäftsleute und CEO-Pastoren in diesem neuen Bündnis und ihre Hingabe an eine *laissez-faire*-Wirtschaftstheologie;
– die allmähliche Entwicklung des progressiven Postmillennarismus zum säkularen Progressivismus einerseits und die Verschmelzung des evangelikalen Prämillennarismus mit dem amerikanischen Militarismus andererseits;
– und schließlich die Verhärtung der alten Fronten in den Kulturkämpfen (Abtreibung), die Wiedereröffnung längst aufgelöster Fronten (Geburtenkontrolle) und die Entstehung neuer Fronten (Religionsfreiheit).

Kurz gesagt, man erkennt viele Entwicklungen, die die weißen Evangelikalen erst in die Reagan-Koalition hineinzogen und sie schließlich zur Unterstützung von Donald Trump führten.

Wie in Kapitel 4 ausgeführt, wurde diese Koalition oft als ein dreibeiniger „Hocker" beschrieben, bestehend aus neoliberalen Wirtschaftseliten, Sozialkonservativen, die Abtreibung ablehnen, und neokonservativen Falken. In Wahrheit war diese Koalition immer ein „Stuhl", mit einem verborgenen vierten Bein: dem weißen Rassismus. Eine Folge der Obama-Präsidentschaft war die Enthüllung dieses verdeckten Stuhlbeins. Ein wenig beachteter Effekt der Trump-

Präsidentschaft könnte darin bestehen, das dritte neokonservative Bein vom Stuhl zu lösen.

Aber wie sieht es mit dem sozialkonservativen Bein aus? Von außen betrachtet mag es vollkommen solide erscheinen. Trumps früheste Befürworter (d. h. Jerry Falwell Jr., Franklin Graham und Robert Jeffress) stehen noch immer fest hinter ihm, ebenso wie andere bekannte Evangelikale, die ihn in der Vergangenheit verteidigt haben (z. B. James Dobson und Tony Perkins). Den Umfragen zufolge tut das auch die überwiegende Mehrheit der weißen Evangelikalen.[13]

Aber in diesem Stuhlbein gibt es mehr und mehr Risse. Ein Riss befindet sich zwischen weißen und nicht-weißen Evangelikalen. Ein anderer öffnet sich zwischen älteren und jüngeren Evangelikalen. Es wird nicht überraschen, dass nicht-weiße Evangelikale die Einwanderung viel stärker unterstützen als ihre weißen Glaubensgeschwister.[14] Und obwohl die meisten jüngeren Evangelikalen nach wie vor gegen Abtreibung sind, sind sie viel weniger besorgt über die gleichgeschlechtliche Ehe als ihre Elterngeneration, dafür aber viel besorgter über den Klimawandel und die Rassenungleichheit.[15] Ihre politischen Anliegen gehen also weit über den traditionellen Umfang der „Familienwerte" hinaus. All dies bringt sie zunehmend in Konflikt mit ihren weißen Ältesten und könnte eventuell auch dazu führen, dass einige von ihnen zu Rebellen in den eigenen Reihen werden, andere zu „Mainline"-Gemeinden wechseln und wieder andere den Glauben ganz hinter sich ließen und „#exvangelikale" werden.[16] Ja, es hat schon dazu geführt.

Es ist auch wichtig zu unterstreichen, dass diese sich ausweitenden Spaltungen sich nicht auf die Laien beschränken. Auch an der Spitze, innerhalb der Führungsebene, tun sich weitere Spaltungen auf. Der „evangelikale Beirat" von Trump besteht hauptsächlich aus Pfingst- und Wohlstandspredigern sowie evangelikalen Unternehmern und Mega-kirchen-Pastoren.[17] Bemerkenswert ist die <u>Abwesenheit füh-render evangelikaler Theologen und von Vertretern des evan-gelikalen Establishments,</u> von denen viele in früheren republikanischen Regierungen einen Platz am Tisch hatten. Tatsächlich ist die einst mächtige National Association of Evangelicals (NAE) fast gänzlich aus dem inneren Kreis der Trump-Regierung ausgeschlossen worden. Das hat seine Gründe. Denn wie die breitere evangelikale Bewegung, die sie vertritt, ist auch die NAE immer bunter geworden. Infol-gedessen haben einige leitende Evangelikale begonnen, sich an den Fesseln ihrer republikanischen Gefangenschaft zu rei-ben. Einige wenige sind sogar zunehmend unzufrieden mit der evangelikalen „Marke" selbst, weil sie praktisch zum Sy-nonym für politischen Konservatismus geworden ist.[18] Bisher haben sich diese Rebellen in den Reihen meist dafür entschie-den, hinter den Kulissen zu arbeiten, vielleicht aus Angst, Spaltung in ihren Gemeinden zu säen. Ob sie dies weiterhin tun werden, ist eine wichtige Frage, nicht nur für die Zukunft des amerikanischen Evangelikalismus, sondern auch für die Zukunft der amerikanischen Demokratie.

Sollten sie der <u>konstantinischen Versuchung</u> erliegen, in-dem sie <u>sich weiterhin mit pietätslosen Machthabern wie Do-nald Trump verbünden,</u> werden die langfristigen Ergebnisse zweierlei sein. Erstens <u>wird die evangelikale Bewegung wei-ter entlang der Rassen- und Generationsgrenzen zersplittern</u> und könnte schließlich auseinanderfallen. Zweitens <u>werden sich die Reihen der „Nicht-Religiösen"</u> – derjenigen, die kei-ne Religionszugehörigkeit beanspruchen – <u>weiter ausweiten,</u> wenn die politisch Gemäßigten und Progressiven zu dem Schluss kommen, dass es zwischen Christentum und Konser-vatismus kein Tageslicht und für sie keinen Platz innerhalb der organisierten Religion gibt.

Natürlich wird der letztendliche Ausgang dieser Kämpfe nicht allein von den weißen Evangelikalen abhängen, sondern auch von den säkularen Progressiven bestimmt werden. Werden sie Menschen des Glaubens, die keine farbigen Menschen sind, genauso respektvoll behandeln wie farbige Menschen, die gläubig sind? Werden sie bereit sein, etwas an Boden abzugeben und Sozialkonservativen im Niemandsland zwischen den Schützengräben der Kulturkämpfe zu begegnen? Oder werden auch sie sich für einen Krieg auf Leben und Tod entscheiden, der nur zu einem Zermürbungskrieg werden kann? Die Zukunft der amerikanischen Demokratie wird auch von ihrer Antwort abhängen.

NACHWORT
Dreieiniges Unheil? Trump, COVID und Autoritarismus

Als die spanischen Konquistadoren zum ersten Mal in der „Neuen Welt" ankamen, brachten sie nicht nur Waffen, sondern auch Mikroben mit. Rückblickend wissen wir heutzutage, dass Letztere wesentlich entscheidender bei der „Eroberung" der Neuen Welt waren als die Feuerkraft.[1] Als ein Jahrhundert später die englischen Puritaner nach Neuengland segelten, brachten sie neben Bibeln auch Krankheiten wie die Pocken mit. Dies führte zu einem Massensterben unter den Ureinwohnern. Puritanische Theologen wie Cotton Mather interpretierten diese Epidemien gerne als „Plagen", die von Gott gesandt wurden, um das Land für sein auserwähltes Volk „zu säubern".[2]

Es erstaunt daher kaum, dass einige der heutigen selbsternannten Erben der Puritaner die COVID-19-Pandemie in ähnlicher Weise interpretieren. Pfarrer Ralph Drollinger von Capitol Ministries in Washington, DC zum Beispiel.[3] Am 23. März 2020 veröffentlichte er einen kleinen „Studienführer", in dem er die COVID-Pandemie aus einer, wie er es nennt, „biblischen Perspektive" auszulegen versuchte. „Fällt Gott ein Urteil über Amerika?", fragte Drollinger.[4] Und wenn ja, weshalb? Drollingers Handbuch listet verschiedene Verdächtige auf, die Gott erzürnt haben könnten: diejenigen, die gegen „Religionsfreiheit" sind, die „die Natur verehren" oder Homosexualität dulden. Der „Studienführer" machte schnell die Runde in säkularen Kreisen und Medienkommentatoren kamen rasch zu dem Schluss, dass Drollinger die Schuld an der Pandemie auf Säkularisten, Umweltschützer, LGBTQ-Leute und Nichtchristen im Allgemeinen schieben wollte.

Aber warum machten sich progressive Journalisten überhaupt die Mühe, Drollingers theologischen „Studienführer" durchzulesen? Ein kurzer Blick auf die Titelseite liefert eine klare Antwort: Das Werk wird von einer Reihe hochrangiger und prominenter Namen empfohlen, darunter Vizepräsident Mike Pence, elf Kabinettsminister, ebenso viele US-Senatoren und über vierzig Mitglieder des Repräsentantenhauses. Sie alle billigen Drollingers Interpretation der Pandemie, und sie alle sind regelmäßige Besucher seiner wöchentlichen Bibelstunde. Offensichtlich ist Drollinger in Republikanischen Kreisen in Washington ein sehr einflussreicher Mann.

Dennoch ist er nicht gerade der moderne Puritaner, als den er sich zu stylen versucht. Wie wir uns erinnern, waren die Puritaner erklärte Feinde der englischen Monarchie und pflegten eine eher republikanische Regierungsform. Wie schaut dies bei Drollinger aus? In einem Radio-Interview Ende 2015 schlug er vor, „eine wohlwollende Diktatur" zu etablieren, „um die Dinge zu wenden", denn „das wird nicht durch unser jetziges Regierungssystem geschehen".[5] In zahlreichen Schriften zur Politik bezeichnet Drollinger routinemäßig Politiker als „Könige".[6] Das Land wurde zu der Zeit von Präsident Obama und Vize-Präsident Biden regiert. Vermutlich entsprechen Trump und Pence Drollingers politischen Vorstellungen viel besser. Vielleicht schwebt ihm gar der Traum eines König Donald vor. Jedenfalls beruft sich Drollinger stets auf die autoritären Stränge in der christlichen politischen Theologie, die in Kapitel 2 analysiert wurden.

Nehmen auch andere konservative Christen in den USA eine ähnliche Wende zum Autoritarismus? Wird diese Wende momentan durch die Pandemie sogar beschleunigt? Es ist sinnvoll, an dieser Stelle etwas weiter auszuholen und als Anstoß zum Nachdenken die „spirituelle Beraterin" von Präsident Trump, „Wohlstands-Evangelium"-Predigerin Paula

White aus Florida, ins Visier zu nehmen.[7] Frau White hat Anfang dieses Jahres, bevor die Pandemie in den USA im vollen Schwung war, das folgende Gebet vor ihrer Gefolgschaft gehalten: „Wir befehlen allen satanischen Schwangerschaften, sofort eine Fehlgeburt zu haben! Wir erklären, dass alles, was in satanischen Gebärmüttern gezeugt wurde, eine Fehlgeburt haben wird …"

Was soll das genau heißen, fragten progressive Kommentatoren verwundert.[8] Warum wurden von dieser lautstarken Abtreibungsgegnerin offen Fehlgeburten herbeigewünscht? Es sei alles ein Missverständnis, entgegnete White. Sie spiele nur auf Epheser 6,11–12 an:

„Zieht an die Waffenrüstung Gottes, um den listigen Anschlägen des Teufels zu widerstehen! Denn wir haben nicht gegen Menschen aus Fleisch und Blut zu kämpfen, sondern gegen Mächte und Gewalten, gegen die Weltherrscher dieser Finsternis, gegen die bösen Geister in den himmlischen Bereichen."

Es ist eine Lieblingspassage von Pfingstlern wie Paula White, die unter anderem glauben, dass sie sich mitten in einem „spirituellen Krieg" befinden, einem Kampf zwischen Gut und Böse, an dem Engel und Dämonen und andere natürliche und übernatürliche Kräfte beteiligt sind. Dieser Kampf wüte genau hier und jetzt um uns herum.[9]

Für manche Führer der Pfingstbewegung, so wie Lou Engle, ein „charismatischer" Erweckungsprediger aus Kansas und entschiedener Gegner sexueller Gleichberechtigung, sind spirituelle und politische Kriegsführung ein und dasselbe. Am 21. Februar 2018 versammelten sich er und andere „spirituelle Krieger" im Trump International Hotel in Washington.[10] Zu den Rednern gehörten Mitglieder von „POTUS Shield" („POTUS" steht für „President Of The United States"), einer Gruppe, die glaubt, dass Trump von Gott berufen wurde, jetzt aber von „dämonischen Kräften" wie Demokraten, Schwulen und Feministen angegriffen werde. „POTUS Shield" versteht sich selbst als Trumps „Schutzschild". Einige Teilnehmer der Versammlung sind auch Mitglieder der „Neuapostolischen Reformation", einer Bewegung, die glaubt, dass Christus erst dann auf die Erde zurückkehren wird, wenn seine Anhänger die „Herrschaft" über die „sieben Berge" (Metapher für die wichtigsten Machtzentren in der amerikanischen Gesellschaft) erobert haben.[11] Das Ziel der Veranstaltung in Washington war es, für die „Herrschaft des Himmels" auf Erden zu beten.

Verlegt man nun den Schwerpunkt von Washington nach Budapest, dann sieht man, wo das alles hinführen kann. Am 30. März 2020 berief sich das ungarische Parlament auf die Gefahren der COVID-19 Pandemie und übertrug dem Premierminister des Landes, Viktor Orbán, Notstandsbefugnisse.[12] Das Gesetz erlaubt Orbán, per Dekret, ohne Zustimmung des Parlaments und auf unbestimmte Zeit zu regieren. Das Gesetz ist ohne Verfallsklausel oder Verfallsdatum. Damit beginnt das jüngste Kapitel in Ungarns Experiment mit der „illiberalen Demokratie".

Die COVID-19-Krise öffnete die Tür zur Krönung von „König Viktor." Also, auch von „König Donald"? Könnte diese gegenwärtige Seuche die autoritären Tendenzen innerhalb des amerikanischen Christentums verstärken und das jahrhundertelange Experiment der Nation mit der liberalen Demokratie zu einem baldigen Ende bringen?

Es gibt sicher Grund zur Besorgnis, aber auch Anlass zur Hoffnung. Sehr besorgniserregend ist natürlich Präsident Trumps stümperhafte, leichtsinnige und verpfuschte Handhabung der Pandemie. Besorgnis erregt jedoch auch, wie im Kapitel 5 schon ausgeführt, dass viele amerikanische Evangelikale und Pfingstler zugleich weiße christliche Nationalisten sind, deren Bekenntnis zur liberalen Demokratie bestenfalls schwach ausfällt. Sie sind davon überzeugt, dass „Amerika als christliche Nation gegründet" wurde, wobei sie oft stillschweigend nur *weiße* Christen im Sinne haben. Wie Trump wollen sie vor allem „gewinnen", selbst wenn dies bedeutet, sich mit weißen Nationalisten und anderen „sehr guten Menschen" zu verbünden, wie Trump die rechtsradikalen Demonstranten in Charlottesville nannte; das Mittel heiligt den Zweck, wenn es darum geht, die (weiße) „christliche Nation" zu verteidigen.

Hoffnung macht, dass es auch viele amerikanische Evangelikale und Pfingstler gibt, die verstehen, dass das amerikanische Christentum gerade wegen und nicht trotz der amerikanischen Demokratie aufgeblüht ist. Viele von ihnen sind von Trump zunehmend desillusioniert und distanzieren sich von weißen Nationalisten, die sich hinter christlichen Kreuzen verstecken.

Außenstehende (innerhalb und außerhalb der Vereinigten Staaten) stellen sich die amerikanischen Evangelikalen oft viel einheitlicher vor, als sie es in Wirklichkeit sind, und gehen davon aus, dass die lautesten Stimmen auch die einflussreichsten sind. Das ist verständlich, aber auch trügerisch, denn innerhalb der evangelikalen Gemeinschaft gibt es zahlreiche Spaltungslinien: nicht nur theologische und politische, sondern auch rassische, regionale und organisatorische.

Diese Bruchlinien kommen aber erst voll in den Blick, wenn man über den kleineren Kreis von Trumps „spirituellen Beratern" und politischen Helfern hinausblickt.

Man nehme als Beispiel Walter Kim, den derzeitigen Präsidenten der einflussreichsten evangelikalen Organisation in den Vereinigten Staaten, der National Association of Evangelicals. Kim, Sohn koreanisch-amerikanischer Einwanderer, wurde an der Northwestern University und in Harvard ausgebildet. Neben Drollinger hat auch er eine biblische Perspektive auf die Pandemie erarbeitet. Unter anderem forderte er seine evangelikalen Glaubensbrüder auf, in ihrem Glauben Trost zu suchen (Philipper 2,4–6), ihre Sorge um die Schwachen zu zeigen (Markus 12,30–31), ihre Gemeinden zu unterstützen (Jeremia 29,7) und darüber nachzudenken, wie sie anderen am meisten helfen können (2. Korinther 8,1–7). Mit anderen Worten, er hat sich auf die Botschaft des Evangeliums von Mitgefühl, Barmherzigkeit und Selbstaufopferung konzentriert.[13]

In diesem Zusammenhang ist auch Greg Mundis zu nennen, der Exekutivdirektor der Globalen Missionen für die Versammlungen Gottes (Assemblies of God), das größte Netzwerk von Pfingstlern in den USA. Mundis ist in Youngstown, Ohio, geboren und aufgewachsen. Einst ein wichtiges Zentrum der amerikanischen Automobilindustrie, heute ein Opfer der Globalisierung und des „Outsourcing", ist Youngstown durch das gleichnamige wehmütige Lied von Bruce Springsteen berühmt geworden. Nachdem Mundis „vom Heiligen Geist getauft" worden war – das pfingstliche Äquivalent zur christlichen „Wiedergeburt" –, fühlte er sich berufen, als Missionar in Österreich zu dienen, und wurde später Direktor der Assemblies of God Missions in Mitteleuropa. Anfang dieses Jahres infizierte sich Mundis mit Covid-19.[14] Er lag vierzig Tage im Krankenhaus, darunter eine lange Zeit an einem Beatmungsgerät und einer Dialysemaschine. Mundis ließ sich auf keine vergeblichen Spekulationen über die providentielle Bedeutung seiner Infektion ein. Stattdessen bot er dem Klerus und den Mitgliedern seiner Kirche Trost und Hilfe an.[15]

Professor N. T. Wright von der St. Andrews University in Schottland, der vielleicht einflussreichste evangelikale Theologe in der englischsprachigen Welt heutzutage, warnte ausdrücklich davor, dass „die üblichen dummen Verdächtigen uns sagen werden, warum Gott uns dies antut".[16] Das Problem sei, so versicherte er, dass es auf solche Fragen keine christliche Antwort gebe. „Tatsache ist", fügte er hinzu, „dass es Teil der christlichen Berufung ist, nicht erklären zu können – und stattdessen zu klagen". Es gibt Leid in der Welt, und auch die Rechtschaffenen werden nicht verschont.

Man denkt auch an Rick Warren, den Gründer und Senior Pastor von Saddleback Ministries in Kalifornien und Autor des enormen Bestsellers „The Purpose Driven Life". In einer Anfang April 2020 von CNN ausgestrahlten Fernseh-Talkshow stellte ihm ein Zuschauer zwei Fragen: „Wo ist Gott in einer Pandemie?" und „Warum lässt Gott zu, dass so etwas Schreckliches passiert?"[17] Warren antwortete, dass „Gott in den Herzen der Menschen ist, wenn sie anderen Gutes tun"; und dass die Erde nicht der Himmel ist. Schlimme Dinge können hier guten Menschen passieren. Ähnlich besonnene Ansichten sind auch von anderen prominenten Pastoren zu hören, wie z. B. von Tim Keller vom Redeemer Presbyterian in New York City.[18]

Evangelikale Anführer aus dem amerikanischen Süden schlagen oft einen etwas raueren Ton an. Auch Richard Land, eine in Princeton und Oxford ausgebildete führende Persönlichkeit der Southern Baptist Convention, wurde gefragt, warum Gott eine solche Pandemie zulassen würde.[19] Er begann seine Antwort mit den gleichen theologischen Punkten wie Warren, zog darunter aber einen politischen Schlussstrich, indem er eine vom Weißen Haus wiederholt angeführte, aber sonst sehr umstrittene Theorie der Pandemie als bewiesene Tatsache ausgab, nämlich dass das Virus einem Labor in Wuhan entstamme, also *man-made* ist.

Andere weniger gebildete Evangelikale aus dem Süden waren weit weniger zurückhaltend. Pastor Rick Wiles aus

Florida, ein berüchtigter Verschwörungstheoretiker und Endzeitprediger, beschrieb das Coronavirus als einen von Gott gesandten „Todesengel".[20] „Schauen Sie sich die Vereinigten Staaten an, schauen Sie sich die geistliche Rebellion in diesem Land an – den Hass auf Gott, den Hass auf die Bibel, den Hass auf die Gerechtigkeit", polterte er. Amerika hat genau das bekommen, was es verdient hat.

Wie wir gesehen haben, waren und sind die weißen Evangelikalen Trumps stärkste Unterstützer. Aber sie sind nicht seine einzigen Unterstützer. Auch einige schwarze und lateinamerikanische Evangelikale gehören dazu. Mark Burns, ein schwarzer evangelikaler Pastor aus South Carolina, hat sich Trump angeschlossen und macht China für COVID-19 verantwortlich. Ebenso Jim Domen, ein „ehemaliger schwuler" („ex-gay") Latino-Pastor aus Kalifornien. Aber keiner von beiden hat COVID-19 als „Strafe Gottes" bezeichnet. Das ist auch nicht verwunderlich, denn die lateinamerikanische und afroamerikanische Gemeinschaft wurde und wird von der Pandemie besonders hart getroffen.

Zusammenfassend lässt sich sagen, dass die Reaktion der führenden evangelikalen und pfingstlerischen Geistlichen in ziemlich vertrauten Bahnen verläuft. Kleriker neigen dazu, COVID-19 eher als göttliche Strafe zu interpretieren – und Trumps Reaktion auf die Pandemie zu unterstützen –, wenn sie: 1) weiß sind; 2) aus dem Süden kommen; 3) nichtkonfessionelle Kirchen leiten; 4) wenig oder keine theologische Ausbildung haben und 5) ihre gesamte Karriere in den Vereinigten Staaten verbracht haben.

Im Gegensatz dazu ist die Wahrscheinlichkeit dass sie dies tun, geringer, wenn sie: 1) nicht weiß sind; 2) aus dem Norden und insbesondere aus den Küstenstaaten kommen; 3) kirchliche Führungspositionen innehaben; 4) eine formale theologische Ausbildung erhalten haben und 5) im Ausland als Missionare gearbeitet haben. Dies sind auch ungefähr die gleichen Bruchlinien, die laut Meinungsumfragen und statistischen Analysen christliche Nationalisten von anderen Christen tendenziell trennen (wiewohl es natürlich auf individueller Ebene zahlreiche Ausnahmen zu diesen Korrelationen gibt).[21]

Könnte die COVID-19-Pandemie diese Bruchlinien verändern? Wieder einmal gibt es Grund zur Sorge, aber auch zur Hoffnung. Hoffnung besteht, da die Pandemie farbenblind ist. Das Virus respektiert keine Rassenhierarchien. Vielleicht könnte es sogar helfen, sie zu abzubauen. Die Pandemie konzentrierte sich zwar zunächst auf die großen Städte an den Küsten Amerikas, aber auch das ländliche „Herzland" wird kaum verschont bleiben. Das Virus schert sich weder um die „Mason-Dixon-Linie", die den Norden und den Süden trennt, noch um das Stadt-Land Gefälle. Schließlich scheint die Pandemie zwar zuerst in China ausgebrochen zu sein, doch das Virus kennt keine Staatsbürgerschaft und kann mit keiner Mauer ferngehalten werden. Sorge besteht, dass solche Hoffnungen auf nationale Einheit und internationale Solidarität durch einen Divider-in-Chief zunichte gemacht werden, der „America First!" ruft und, wenn es um die Entwicklung von Impfstoffen geht, dies auch so meint. Sorge besteht auch, weil frühere Epidemien wie der „Schwarze Tod" im Mittelalter oder die große Grippe von 1918/1919 Fremdenhass nachweislich geschürt haben, nicht zuletzt in Deutschland, aber auch in den USA.[22]

Hat Trumps fragwürdiger Umgang mit der Pandemie Auswirkungen auf die Unterstützung des Präsidenten durch die weißen Evangelikalen? Werden vier von fünf weißen Evangelikalen im November 2020 wieder für ihn stimmen? Politische Vorhersagen sind ein gefährliches Geschäft, wie viele Sozialwissenschaftler im Herbst 2016 zu ihrem Leidwesen erfahren mussten.

Dennoch haben jüngste Umfragen unter amerikanischen Wählern Trumps Wahlkampfmanager sichtbar beunruhigt. Laut einer im April 2020 vom Public Religion Research Institute durchgeführten Umfrage stimmten nur zwei Drittel der weißen Evangelikalen Trumps Leistung zu. (Unter weißen Christen im Allgemeinen sanken die Zustimmungswerte sogar um 27 %.)[23] Bedeutet dies, dass im November nur zwei Drittel für ihn stimmen werden? Nicht unbedingt. Während die Billigung von Trumps persönlichem Verhalten unter den weißen Evangelikalen mit der Zeit sicherlich abgenommen hat, hat die Unterstützung für seine politische Haltung in der Tat sogar zugenommen. In den Fragen, die für die weißen Evangelikalen am wichtigsten sind – nämlich Abtreibung und die Einstellung linientreuer Richter –, hat Trump seine Versprechen definitiv gehalten. Viel wird davon abhängen, ob sich die Evangelikalen mehr um ihre eigenen kurzfristigen politischen Ziele oder um die langfristige politische Zukunft Amerikas sorgen. Viel wird daher auch davon abhängen, wie evangelikale Führer die gegenwärtige Krise angehen, ob die wütendsten Stimmen auch die einflussreichsten sind, ob radikale, anti-demokratische Stimmen wie Drollingers oder Engles bestimmend bleiben oder ob vernünftige und verfassungstreue Evangelikale sich – endlich – zu Wort melden.

Dass Christentum und Demokratie zusammen gehen können, steht schon lange fest. Ob sie es in nächster Zukunft noch tun, bleibt aber zunächst offen.

Anmerkungen

EINLEITUNG Amerikanisches Babylon?

[1] De Tocqueville, 2008.
[2] De Tocqueville, 2003.
[3] Fea, 2018; Denker, 2019.

KAPITEL 1 Ist Demokratie christlich?

[1] Weber et al., 2002.
[2] Isakhan, 2012.
[3] Hansen, 2006.
[4] Jowett und Everson, 1996.
[5] Bresson, 2015.
[6] Van Gelderen und Skinner, 2005.
[7] Baron, 1966; Pocock, 1975.
[8] Bailyn, 1992; Wood und Institut für frühamerikanische Geschichte und Kultur (Williamsburg Va.), 1969.
[9] Adams und Diggins, 2004.
[10] Millar, 2002.
[11] Lintott, 1999.
[12] De Montesquieu, 1989.
[13] Pocock, 1957.
[14] Myers, 1975.
[15] Sahlins, 1989.
[16] Bonney, 1991.
[17] Koenigsberger, 1971b.
[18] Koenigsberger, 1971a; Koenigsberger, 2001.
[19] Parker, 2002; Hill, 1962.
[20] Hahm, 2009.
[21] Pitkin, 1967; Vieira und Runciman, 2008.
[22] Honohan, 2003; Pettit, 1997.
[23] Constant, 1988.
[24] Skinner, 1998; Skinner, 2008.
[25] Tierney, 2001.
[26] Black, 2017.
[27] Jowett und Everson, 1996.
[28] Pateman, 1988.
[29] Skinner, 1981.
[30] Hollinger, 1996.
[31] Gray, 2013.
[32] Nozick, 1974.
[33] Nussbaum, 2000.
[34] Newman, 2005.
[35] Kersbergen und Manow, 2009; Van Kersbergen, 2003; Rüschemeyer et al., 1992.
[36] Callaghan, 1990; Judt, 2011.
[37] Hill, 1975.
[38] Blickle, 2004.
[39] Engels, 1894.
[40] Epstein, 2003.
[41] Bloom und Kirsch, 2016.
[42] Tocqueville und Mayer, 1988.
[43] Snell, 2010.
[44] Burkert, 1985.
[45] Rousseau und Gourevitch, 1997.

KAPITEL 2 Ist das Christentum demokratisch?

[1] Beiner, 2011.
[2] Machiavelli et al., 1996.
[3] Tocqueville und Mayer, 1988.
[4] Walzer, 2012.
[5] Berman, 2011.
[6] Engnell, 1967.
[7] Oakley, 1984; Oakley, 2010; Brueggemann, 2004.

[8] Walzer, 1985.

[9] Brüggemann, 1978.

[10] Hart, 2009.

[11] Cameron und Hall, 1999;
Barnes, 1973.

[12] MacMullen, 1984.

[13] Brown, 2013.

[14] Wetzel, 2012.

[15] Johnson, 2013.

[16] Williamson und Louth, 1989.

[17] Leithart, 2010.

[18] Arendt, 1996; Gregory, 2007.

[19] Blumenthal, 2010.

[20] Ullmann, 2003.

[21] Ullmann, 1962.

[22] Oakley, 2003.

[23] Zitiert nach DH Einleitung zum
Konzil von Konstanz.

[24] Scribner und Benecke, 1979;
Blickle, 2004.

[25] Whitford, 2003.

[26] Skinner, 1978.

[27] Gordon, 2009.

[28] Gordon, 2016.

[29] Calvin und Hughes, 1966.

[30] Benedikt, 2002.

[31] Bainton, 1985.

[32] Irland, 2016.

[33] Isham, 2017.

[34] Lebrun, 1965.

[35] Lebrun, 2001.

[36] Hedley, 2011.

[37] Meierhenrich und Simons,
2016.

[38] Schmitt, 2008.

[39] Schmitt, 2005.

[40] Kahn, 2011.

[41] Schmitt, 2003.

[42] D'Elia, 1974.

[43] Brief an Elhanan Winchester, 12.

November 1791; Rush, Letters I:
611.

[44] Rush, Public Education: 16.

[45] 6. Oktober 1800; Letters II:
824–825.

[46] Gloege, 2015.

[47] Sutton, 2014.

[48] Hopkins, 1982.

[49] Evans, 2004.

[50] Rauschenbusch, 1908.

[51] Zitiert in: Evans, 2004.

[52] Bratt, 2013.

[53] Mouw, 2011; Bartholomäus,
2017.

[54] Dougherty, 2003.

[55] Maritain, 2012.

[56] Maritain, 1947.

[57] Burgos, 2018.

KAPITEL 3 Auf Wiedersehen, Tocqueville?

[1] Damrosch, 2010.

[2] De Tocqueville, 2008.

[3] Tocqueville, 2003.

[4] Tocqueville, 2003.

[5] Moorhead, 1999.

[6] Tocqueville, 2003.

[7] Tocqueville, 2003.

[8] Connors und Gow, 2004.

[9] Albanese, 1976.

[10] Ferling, 2004; Lerche, 1948.

[11] Tackett, 2014.

[12] Isham, 2017.

[13] Buckley, 1987; Israel, 2010.

[14] Ferguson, 1997; Noll, 2000.

[15] Jones, 2016.

[16] Newman und Halvorson, 2000.

[17] Newman und Halvorson, 2000.

[18] Jones, 2016.

[19] Roof und McKinney, 1987; Hudnut-Beumler und Silk, 2018.

[20] Hollinger, 2013.

[21] Chaves, 2017.

[22] Hout et al., 2001.

[23] Smith und Sikkink, 2003.

[24] Niebuhr, 1929.

[25] Alston, 1971.

[26] Chaves, 2017.

[27] Pew, 2019.

[28] Hout und Fischer, 2014; Hout und Fischer, 2002.

[29] Williams, 2012; Domke und Coe, 2008.

[30] Cox et al., 2017.

[31] Shellnutt, 2017.

[32] Smith und Emerson, 1998.

[33] Moorhead, 1984.

[34] Sandeen, 2008.

[35] Mangum und Sweetnam, 2009.

[36] Lindsey und Carlson, 1970; Boyer, 1992.

[37] Wojcik, 1997.

[38] Frykholm, 2004.

[39] Robbins und Palmer, 2013.

[40] Barkun, 1990.

[41] Carpenter, 1997; Marsden, 2006.

[42] Pew, 2011.

[43] Pew, 2010.

[44] Boyer, 1992; Daley, 2008.

[45] Backus, 2000.

[46] Christianson, 1978.

[47] Bloch, 1988; Moorhead, 1978; Moorhead, 1999.

[48] Sutton, 2014.

[49] Stark und Iannaccone, 1994.

[50] Stark, 1999.

[51] Voas et al., 2002.

[52] Roof, 2001.

[53] McGavran, 1990.

[54] Griffin, 2010.

[55] Wilford, 2012.

[56] Koskela, 2013; Balmer und Fitzmier, 1993.

[57] Newman und Halvorson, 2000.

[58] Newman und Halvorson, 2000.

[59] Newman und Halvorson, 2000.

[60] Newman und Halvorson, 2000.

[61] Abraham, 2019; Hempton, 2005; Kidd und Hankins, 2015.

[62] Holifield, 2012.

[63] Wright, 1984.

[64] Fogel, 2000; McLoughlin, 2013.

[65] Thumma und Travis, 2007.

[66] Eagle, 2015a.

[67] Eagle, 2015b.

[68] Thumma und Travis, 2007.

[69] Chaves, 2017.

[70] Chaves, 2017.

[71] Ellingson, 2010.

[72] Chaves, 2017.

[73] Thumma und Bird, 2015.

[74] Putnam et al., 2010.

[75] Scaff, 2011.

[76] Radkau, 2009.

[77] Weber et al., 2002.

KAPITEL 4 Die Republikanische Gefangenschaft

[1] Lienesch, 2007; Larson, 1998.

[2] Kazin, 2007.

[3] Yellin, 2013.

[4] Farrell, 2011.

[5] Mencken, 2006; Teachout, 2002; Hart, 2016; Rodgers, 2005.

[6] Mencken, 2002.

[7] Mencken, 1930.

[8] Hart, 1994.

9 Mencken, 1926.

10 Swartz, 2012; Cochran, 2005.

11 Self, 2012; McGirr, 2002.

12 Heilbrunn, 2009; Vaïsse, 2010.

13 Mayer, 2016; MacLean, 2017.

14 Williams, 2012; Dochuk, 2010.

15 Carter, 2000; Carter, 1996.

16 Maxwell und Shields, 2019.

17 Mathews, 1918.

18 Mathews, 1918.

19 Mathews, 1918.

20 Mathews, 1918.

21 Mathews, 1918.

22 Dorrien, 1995; Dorrien, 2001.

23 Mathews, 1897.

24 Mathews, 1924.

25 Union, 1914.

26 Gamble, 2003.

27 Ruotsila, 2007.

28 Gibbs und Duffy, 2007.

29 Miller, 2011.

30 Gunn, 2008; Herzog, 2011.

31 Kruse, 2015; Haberski jr., 2012.

32 Hartz, 1955.

33 Stevens, 2010.

34 Goldstein, 2005.

35 Hollinger, 2013.

36 Harding, 2000; Vaughan, 2009.

37 Spector, 2009.

38 Linker, 2006.

39 Bellamy, 1888.

40 Thomas, 1983.

41 Connor, 2000.

42 Lipow, 1991.

43 Barton, 1925.

44 Fried, 2005.

45 Hatch, 1989.

46 Greeley und Hout, 2006.

47 Lindsay, 2007.

48 Gloege, 2015; Hammond, 2017; Phillips-Fein, 2010.

49 Grem, 2016.

50 Long, 2002.

51 Lewis, 2003.

52 Moreton, 2009; Moreton, 2007.

53 Bowler, 2018.

54 Wacker, 2009.

55 Albanese, 2007.

56 Wilkinson, 2010.

57 Long Jr., 1990.

58 Kemeny, 2018.

59 Beisel, 1998.

60 Boyer, 2002.

61 Hankins, 2010.

62 Dowland, 2015.

63 Griffith, 2017.

64 Williams, 2015.

65 Chesler, 2007.

66 Okrent, 2019; Schwarz, 2003.

67 Sanger, 1922.

68 Schrag, 2011.

69 Durst, 2017; Rosen, 2004.

70 Wilde, 2019.

71 Broderick, 1963.

72 Mulloy, 2014.

73 Williams, 2015.

74 Moyn, 2015.

75 Schaeffer und Koop, 1983; Hankins, 2008.

76 Carter, 2000.

77 Perlstein, 2010.

78 Perlstein, 2015.

79 Bateman et al., 2018.

80 Fox, 2012.

81 Frederickson, 2001.

82 Irons, 2009.

83 Baker, 2011.

84 Hooghe und Dassonneville, 2018.

[85] Wong, 2018.

[86] Bonilla-Silva, 2006.

[87] Emerson und Smith, 2001.

KAPITEL 5 Weißer christlicher Nationalismus

[1] Anderson et al., 2016; Beauchamp, 2016.

[2] Anderson, 2016; Kaufmann, 2019; Jardina, 2019.

[3] Morgan und Lee, 2018.

[4] Bailey, 2016.

[5] Tackett, 2019.

[6] Gass, 2016.

[7] Gabriel, 2016.

[8] Jacobson, 2017; Margolis, 2019.

[9] Fowler und Margolis, 2014.

[10] Fording und Schram, 2017.

[11] Denker, 2019.

[12] Gabriel und Luo, 2016.

[13] Wong, 2018; Perry und Whitehead, 2015; Ekins, 2018.

[14] Schwadel und Smith, 2019; Margolis, 2019.

[15] Whitehead et al., 2018a; Whitehead und Perry, 2020.

[16] Whitehead et al., 2018b.

[17] Gorski, 2019b; Gorski, 2019a.

[18] Hochschild, 2016.

[19] Kendi, 2017.

[20] Bataille, 2001.

[21] Gerbner, 2018.

[22] Roediger, 1991; Jacobson, 1999.

[23] Blum, 2005; Saxton, 1990; Lichtman, 2008; Tuveson, 1968.

[24] Pham, 2015.

[25] Caruba, 2015.

[26] Goldberg, 2006.

[27] Kruse, 2015.

[28] Gorski, 2019b.

[29] Stineback, 1978; Lepore, 1999.

[30] Gorski, 2019b.

[31] O'Brien, 1988; Akenson, 1992.

[32] Smith, 2004; Claydon und McBride, 1998; Gorski, 2000.

[33] Cherry, 1998.

[34] Stout, 2011.

[35] Alexander, 1975.

[36] Kidd, 2004.

[37] Saxton, 1990; Blight, 2001; Blum, 2005.

[38] Horsman, 1981; Hietala, 2003.

[39] Takaki, 2012.

[40] Immerwahr, 2019.

[41] Mudde und Kaltwasser, 2017; Müller, 2016; Moffitt, 2016.

[42] Qiu, 2017.

[43] Jones, 2016.

[44] Cox et al., 2017.

[45] Cohen, 2019.

[46] Stewart, 2018.

[47] Sherwood, 2018.

[48] Boorstein, 2019.

[49] Hout und Fischer, 2002; Hout und Fischer, 2014.

[50] Levitsky und Ziblatt, 2018.

SCHLUSSFOLGERUNG Die Konstantinische Versuchung

[1] Dt. Nachdichtung: Wikipedia.

[2] 2012.

[3] Solomon, 2012.

[4] wpengine, 2009.

[5] Fuller, 2014.

[6] Liptak, 2014.

[7] Boorstin et al., 2017.

[8] Bibel, 2019.

[9] Showalter, 2016.

[10] Gamble, 2019.

[11] Gamble, 2019.

[12] Gamble, 2019.

[13] Schwadel und Smith, 2019.

[14] Wong, 2018; Whitehead und Perry, 2020.

[15] Diamant, 2017.

[16] Labberton, 2018; Gushee, 2017; Onishi, 2019.

[17] Pendergrass, 2017.

[18] Evangelikale, 2018.

NACHWORT Dreieiniges Unheil?
Trump, COVID und Autoritarismus

[1] Stannard, 1993.

[2] Middlekauff, 1999.

[3] Schwartz, 2019.

[4] Drollinger, 2020.

[5] Stewart, 2020.

[6] Drollinger, 2016.

[7] Payne und Ramirez 2018; Mencimer, 2020.

[8] Drollinger, 2020.

[9] Burke, 2019.

[10] Montgomery, 2018.

[11] Christerson und Flory, 2017; Weaver, 2016.

[12] Zerofsky, 2020.

[13] Kim, 2020.

[14] Ogle, 2020.

[15] Veen, 2020.

[16] Wright, 2020.

[17] CNN 2020.

[18] Klett, 2020.

[19] Land, 2020.

[20] Brown, 2020.

[21] Whitehead und Perry, 2020.

[22] Jones, 2020.

[23] PRRI 2020.

Literatur

Abraham, W. J. 2019. *Methodism: A Very Short Introduction*, New York: Oxford University Press.

Adams, J. & Diggins, J. P. 2004. *The portable John Adams*, New York ; London: Penguin Books.

Akenson, D. H. 1992. *God's peoples: Covenant and land in South Africa, Israel, and Ulster*, Ithaca, NY: Cornell University Press.

Albanese, C. L. 1976. *Sons of the fathers: the civil religion of the American Revolution*, Philadelphia: Temple University Press.

Albanese, C. L. 2007. *A republic of mind and spirit: A cultural history of American metaphysical religion*, New Haven: Yale University Press.

Alexander, J. A. 1975. Colonial New England Preaching on War as Illustrated in Massachusetts Artillery Election Sermons. *Journal of Church and State,* 17(3), 423–442.

Alstor, J. P. 1971. Religious mobility and socioeconomic status. *Sociological Analysis,* 32(3), 140–148.

Anderson, C. 2016. *White rage: The unspoken truth of our racial divide*, New York: Bloomsbury USA.

Anderson, S., Collins, C., Hoxie, J. & Pizzigati, S. 2016. Inequality Gave Rise to Donald Trump's Presidency. *The Nation.*

Arendt, H. 1996. *Love and Saint Augustine*, Chicago: University of Chicago Press.

Backus, I. 2000. *Reformation Readings of the Apocalypse: Geneva, Zurich, and Wittenberg*, Oxford; New York: Oxford University Press.

Bailey, S. P. 2016. White evangelicals voted overwhelmingly for Donald Trump, exit polls show. *Washington Post,* 9(1–2)3.

Bailyn, B. 1992. *The ideological origins of the American Revolution*, Enl., Cambridge, Mass.: Belknap Press of Harvard University Press.

Bainton, R. H. 1985. *The Reformation of the sixteenth century*, Boston: Beacon Press.

Baker, K. J. 2011. *The Gospel According to the Klan: The KKK's Ap-

peal to Protestant America, 1915–1930, Lawrence, KS: University Press of Kansas.

Balmer, R. H. & Fitzmier, J. R. 1993. *The Presbyterians*, Westport, CT: Greenwood Publishing Group.

Barkun, M. 1990. Racist apocalypse: Millennialism on the far right. *American Studies,* 31(2), 121–140.

Barnes, T. D. 1973. Lactantius and constantine. *The Journal of Roman Studies,* 63(29–46.

Baron, H. 1966. *The Crisis of the Early Italian Renaissance: civic humanism and republican liberty in an Age of classicism and tyranny*, Princeton, N. J.: Princeton University Press.

Bartholomew, C. G. 2017. *Contours of the Kuyperian tradition: A systematic introduction*, Downers Grove, IL: InterVarsity Press.

Barton, B. 1925. *The Man nobody knows: A discovery of Jesus*, Indianapolis, IN: Bobbs-Merrill.

Bataille, G. M. (ed.) 2001. *Native American representations: First encounters, distorted images, and literary appropriations,* Lincoln: University of Nebraska Press.

Bateman, D. A., Katznelson, I. & Lapinski, J. S. 2018. *Southern Nation: Congress and White Supremacy After Reconstruction*: Princeton University Press.

Beauchamp, Z. 2016. Donald Trump's Victory is Part of a Global White Backlash. *Vox* [Online].

Beiner, R. 2011. *Civil Religion*, New York: Cambridge University Press.

Beisel, N. K. 1998. *Imperiled innocents: Anthony Comstock and family reproduction in Victorian America*, Princeton: Princeton University Press.

Bellamy, E. 1888. *Looking Backward: 2000–1887*, Boston: Ticknor and Company.

Benedict, P. 2002. *Christ's churches purely reformed: a social history of Calvinism*, New Haven: Yale University Press.

Berman, J. A. 2011. *Created equal: How the Bible broke with ancient political thought*, New York; Oxford: Oxford University Press.

Bible, M. o. t. 2019. *The Tapestry of Light: A 21st Century Apocalypse* [Online]. Verfügbar unter: https://www.museumofthebible.org/exhibits/the-tapestry-of-light [Zugriff 18.12.2019].

Black, A. 2017. *Guild and state: European political thought from the twelfth century to the present*, New Brunswick: Transaction Publishers.

Black, E. 2003. *War against the weak: Eugenics and America's campaign to create a master race*, New York: Four Walls Eight Windows.

Blickle, P. 2004. *Die Revolution von 1525*, Munich: Oldenbourg Verlag.

Blight, D. W. 2001. *Race and reunion: the Civil War in American memory*, Cambridge, Mass.: Belknap Press of Harvard University Press.

Bloch, R. H. 1988. *Visionary republic: Millennial themes in American thought, 1756–1800*, Cambridge: Cambridge University Press.

Bloom, A. & Kirsch, A. 2016. *The republic of Plato*, New York: Basic Books.

Blum, E. J. 2005. *Reforging the White Republic: race, religion, and American nationalism, 1865–1898*, Baton Rouge: Louisiana State University Press.

Blumenthal, U.-R. 2010. *The investiture controversy: Church and monarchy from the ninth to the twelfth century*, Philadelphia: University of Pennsylvania Press.

Bonilla-Silva, E. 2006. *Racism without racists: Color-blind racism and the persistence of racial inequality in the United States*, Lanham, MD: Rowman & Littlefield Publishers.

Bonney, R. 1991. *The European dynastic states, 1494–1660*: Oxford University Press.

Boorstein, M. 2019. Sarah Sanders tells Christian Broadcasting Network: God Wanted Trump to be President. *Washington Post*, January 31, 2019.

Boorstin, M., Zaumer, J. & Bailey, S. P. 2017. Sneak peek: D. C.'s huge new Museum of the Bible includes lots of tech&#146:– but not a lot of Jesus. *Washington Post*, October 16, 2017.

Bowler, K. 2018. *Blessed: A history of the American prosperity gospel*, New York: Oxford University Press.

Boyer, P. S. 1992. *When time shall be no more: prophecy belief in modern American culture*, Cambridge, Mass.: Harvard University Press.

Boyer, P. S. 2002. *Purity in print: Book censorship in America from the gilded age to the computer age*, Madison: University of Wisconsin Press.

Bratt, J. D. 2013. *Abraham Kuyper: modern calvinist, christian democrat*, Grand Rapids, MI: Wm. B. Eerdmans Publishing.

Bresson, A. 2015. *The making of the ancient Greek economy: Institutions, markets, and growth in the city-states*, Princeton: Princeton University Press.

Broderick, F. L. 1963. *Right Reverend New Dealer, John A. Ryan*: New York: Macmillan.

Brown, P. 2013. *Augustine of Hippo: a biography*, Berkeley; Los Angeles: University of California Press.

Brown, L. 2020. Evangelical pastor claims coronavirus is God's ,death angel' to ,purge a lot of sin'. New York Post. Retrieved from https://nypost.com/2020/01/29/evangelical-pastor-claims-corona virus-is-gods-death-angel-to-purge-a-lot-of-sin/ [Zugriff 29.1.2020].

Brueggemann, W. 1978. *Prophetic imagination: Revised edition*: Fortress Press.

Brueggemann, W. 2004. Scripture: Old Testament. *The Blackwell Companion to Political Theology*, 7.

Buckley, M. J. 1987. *At the origins of modern atheism*, New Haven: Yale University Press.

Burgos, J. M. 2018. *An Introduction to Personalism*: CUA Press.

Burke, D. 2019. *Spiritual Warfare and the Discernment of Spirits*. Manchester, NH: Sophia Institute Press.

Burkert, W. 1985. *Greek religion*, Cambridge, MA: Harvard University Press.

Callaghan, J. T. 1990. *Socialism in Britain since 1884*, Oxford: Blackwell.

Calvin, J. & Hughes, P. 1966. Ecclesiastical ordinances. *PE Hughes (ed. and trans.), The Register of the Company of Pastors of Geneva in the Time of Calvin*, 35–49.

Cameron, A. & Hall, S. 1999. *Eusebius' Life of Constantine*, Oxford: Clarendon Press.

Carpenter, J. A. 1997. *Revive us again: the reawakening of American Fundamentalism*, New York ; Oxford [England]: Oxford University Press.

Carter, D. T. 1996. *From George Wallace to Newt Gingrich: Race in the Conservative Counterrevolution, 1963–1994*, Baton Rouge: Louisiana State University Press.

Carter, D. T. 2000. *The politics of rage: George Wallace, the origins of the new conservatism, and the transformation of American politics*, Baton Rouge: Louisiana State University Press.

Caruba, A. 2015. Our Muslim President. *Renew America* [Online]. [Zugriff 12.1.2015].

Chaves, M. A. 2017. *American religion: Contemporary trends*, Princeton: Princeton University Press.

Cherry, C. 1998. *God's new Israel: religious interpretations of American destiny*, Rev. and updated, Chapel Hill: University of North Carolina Press.

Chesler, E. 2007. *Woman of valor: Margaret Sanger and the birth control movement in America*, New York: Simon and Schuster.

Christerson, B., & Flory, R. 2017. The Rise of Network Christianity: How Independent Leaders are Changing the Religious Landscape. New York: Oxford University Press.

Christianson, P. K. 1978. *Reformers and Babylon: English apocalyptic visions from the reformation to the eve of the civil war*: University of Toronto Press.

Christie's. 2012. *HOWE, Julia Ward (1819–1910). Autograph manuscript signed and inscribed, constituting the original draft of „The Battle Hymn of the Republic,“ [Willard's Hotel, Washington D. C.], [the night of 18–19] November 1861. 4 pages, 4to, in ink on her husband's printed stationery of the Sanitary Commission, Washington D. C., first page labeled by Howe: „First draft of the ‚Battle‘ Hymn of the Republic.“* [Online] New York: Christie's. Verfügbar unter: https://www.christies.com/lotfinder/ books-manuscripts/howe-julia-ward-autograph-manuscript-signed-5636282-details.aspx 2019].

Claydon, T. & McBride, I. 1998. *Protestantism and national identity: Britain and Ireland, c. 1650–c. 1850*, Cambridge, New York: Cambridge University Press.

CNN 2020. ‚Where is God in a pandemic? Pastor Rick Warren explains‘. May 7, 2020. Verfügbar unter: https://edition.cnn.com/2020/04/ 10/app-news-section/full-coronavirus-town-hall-april-9-2020-app/index.html [Zugriff 7.5.2020].

Cochran, P. 2005. *Evangelical feminism: A history*, New York: NYU Press.

Cohen, E. A. 2019. He's No King David. *The Atlantic.*

Connor, G. E. 2000. The Awakening of Edward Bellamy: Looking Backward at Religious Influence. *Utopian Studies,* 11(1), 38–50.

Connors, R. & Gow, A. C. 2004. *Anglo-American millennialism, from Milton to the Millerites,* Leiden: Brill.

Constant, B. 1988. *Constant: political writings,* New York: Cambridge University Press.

Cox, D., Lienesch, R. & Jones, R. P. 2017. Who Sees Discrimination? Attitudes on Sexual Orientation, Gender Identity, Race, and Immigration Status, (Washington, D. C.).

D'Elia, D. J. 1974. Benjamin Rush: Philosopher of the American Revolution. *Transactions of the American Philosophical Society,* 64(5), 1–113.

Daley, B. 2008. Eschatology in the Early Church Fathers. *In:* Walls, J. L. (ed.) *The Oxford Handbook of Eschatology.*

Damrosch, L. 2010. *Tocqueville's discovery of America,* New York: Farrar, Straus and Giroux.

De Montesquieu, C. 1989. *Montesquieu: The spirit of the laws*: Cambridge University Press.

De Tocqueville, A. 2008. *Ancien regime and the revolution*: Penguin UK.

Denker, A. 2019. *Red State Christians: Understanding the Voters Who Elected Donald Trump,* Minneapolis: Fortress Press.

Diamant, J. 2017. Though still conservative, young evangelicals are more liberal than their elders on some issues. *Factank* [Online]. Verfügbar unter: https://www.pewresearch.org/fact-tank/2017/05/04/though-still-conservative-young-evangelicals-are-more-liberal-than-their-elders-on-some-issues/ [Zugriff 18.12.2019].

Dochuk, D. 2010. *From Bible Belt to Sunbelt: Plain-folk religion, grassroots politics, and the rise of evangelical conservatism,* New York: WW Norton & Company.

Domke, D. & Coe, K. 2008. *The God strategy: How religion became a political weapon in America,* New York: Oxford University Press.

Dorrien, G. J. 1995. *Soul in society: the making and renewal of social Christianity,* Minneapolis: Fortress Press.

Dorrien, G. J. 2001. *The making of American liberal theology: idea-*

lism, realism, and modernity, 1805–1900, 1st, Louisville, Ky.: Westminster John Knox Press.

Dougherty, J. P. 2003. *Jacques Maritain: An Intellectual Profile*, Washington, D. C.: Catholic University of America Press.

Dowland, S. 2015. *Family values and the rise of the Christian right*, Philadelphia: University of Pennsylvania Press.

Drollinger, R. 2016. *Rebuilding America: The Biblical Blueprint*. Ventura, CA: Nordskog Publishing.

Drollinger, R. 2020. *Is God Judging America Today?* Capitol Ministries. https://capmin.org/is-god-judging-america-today/ [Zugriff 28.4.2020].

Durst, D. L. 2017. *Eugenics and Protestant Social Reform: Hereditary Science and Religion in America, 1860–1940*, Eugene, OR: Pickwick.

Eagle, D. 2015a. *Supersized Christianity: The Origins and Consequences of Protestant Megachurches*. PhD dissertation, Sociology, Duke University.

Eagle, D. E. 2015b. Historicizing the megachurch. *Journal of Social History*, 48(3), 589–604.

Eire, C. M. 2016. *Reformations: The early modern world, 1450–1650*, New Haven: Yale University Press.

Ekins, E. 2018. Religious Trump Voters: How Faith Moderates Attitudes About Immigration, Race, and Identity. *Voter Study Group* [Online].

Ellingson, S. 2010. New Research on Megachurches: Non-denominationalism and Sectarianism. *In:* Turner, B. S. (ed.) *The New Blackwell Companion to the Sociology of Religion*. Malden, MA: Blackwell.

Emerson, M. O. & Smith, C. 2001. *Divided by faith: Evangelical religion and the problem of race in America*, New York: Oxford University Press.

Engels, F. 1894. On the history of early Christianity. *Marx and Engels Collected Works*. London: Lawrence & Wilshart.

Engnell, I. 1967. *Studies in divine kingship in the ancient Near East*, Oxford: Basil Blackwell.

Epstein, R. A. 2003. *Skepticism and Freedom: A Modern Case for Classical Liberalism*, Chicago: University of Chicago Press.

Evangelicals, N. A. o. 2018. *Evangelical Leaders Don't Want Partisan Political Identity* [Online]. Verfügbar unter: https://www.nae.net/ evangelicals-leaders-dont-want-partisan-political-identity/ 2019].

Evans, C. H. 2004. *The kingdom is always but coming: a life of Walter Rauschenbusch*, Grand Rapids, MI: Wm. B. Eerdmans Publishing.

Farrell, J. A. 2011. *Clarence Darrow: Attorney for the damned*, New York: Doubleday.

Fea, J. 2018. *Believe me: The evangelical road to Donald Trump*: Wm. B. Eerdmans Publishing.

Ferguson, R. A. 1997. *The American Enlightenment, 1750–1820*: Harvard University Press.

Ferling, J. 2004. *Adams vs. Jefferson: The tumultuous election of 1800*: Oxford University Press.

Fogel, R. W. 2000. *The fourth great awakening and the future of egalitarianism*: University of Chicago Press.

Fording, R. C. & Schram, S. F. 2017. The cognitive and emotional sources of Trump support: The case of low-information voters. *New Political Science,* 39(4), 670–686.

Fowler, A. & Margolis, M. 2014. The political consequences of uninformed voters. *Electoral Studies,* 34(100–110).

Fox, C. 2012. *Three worlds of relief: Race, immigration, and the American welfare state from the progressive era to the new deal*, Princeton: Princeton University Press.

Frederickson, K. A. 2001. *The Dixiecrat Revolt and the End of the Solid South, 1932–1968*: Univ of North Carolina Press.

Fried, R. M. 2005. *The man everybody knew: Bruce Barton and the making of modern America*, Chicago: Ivan R Dee.

Frykholm, A. J. 2004. *Rapture culture: Left behind in evangelical America*, New York; Oxford: Oxford University Press.

Fuller, J. 2014. Here's What You Need to Know about the Hobby Lobby Case. *Washington Post*, March 24, 2014.

Gabriel, T. 2016. Donald Trump, Despite Impieties, Wins Hearts of Evangelical Voters. *New York Times*, February 27, 2016.

Gabriel, T. & Luo, M. 2016. A Born-Again Donald Trump? Believe It, Evangelical Leader Says. *New York Times*, June 25, 2016.

Gamble, R. M. 2003. *The war for righteousness: progressive Christia-*

nity, the Great War, and the rise of the messianic nation, Wilmington, Del.: ISI Books.

Gamble, R. M. 2019. *A Fiery Gospel: The Battle Hymn of the Republic and the Road to Righteous War*, Ithaca: Cornell University Press.

Gass, N. 2016. Poll: Evangelicals Flocking to Trump. *Politico* [Online].

Gerbner, K. 2018. *Christian slavery: Conversion and race in the Protestant Atlantic world*, Philadelphia: University of Pennsylvania Press.

Gibbs, N. & Duffy, M. 2007. *The Preacher and the Presidents: Billy Graham in the White House*, New York: Hachette.

Gloege, T. 2015. *Guaranteed pure: The Moody Bible Institute, business, and the making of modern Evangelicalism*, Chapel Hill: University of North Carolina Press.

Goethe, J. 1971. *Elective affinities*: Penguin UK.

Goldberg, M. 2006. *Kingdom coming: the rise of Christian nationalism*, 1st, New York: W. W. Norton & Co.

Goldstein, W. 2005. *William Sloane Coffin Jr: A Holy Impatience*, New Haven: Yale University Press.

Gordon, B. 2016. *John Calvin's Institutes of the Christian Religion: A Biography*, Princeton: Princeton University Press.

Gordon, F. B. 2009. *Calvin*, New Haven: Yale University Press.

Gorski, P. 2000. The Mosaic Moment: An Early Modernist Critique of Modernist Theories of Nationalism. *American Journal of Sociology,* 105(5), 1428–68.

Gorski, P. 2019a. Why evangelicals voted for Trump: A critical cultural sociology. *Politics of Meaning/Meaning of Politics*. Springer.

Gorski, P. S. 2019b. *American Covenant*, 2, Princeton: Princeton University Press.

Gray, J. 2013. *Liberalisms*, New York, London: Routledge.

Greeley, A. M. & Hout, M. 2006. *The truth about conservative Christians: what they think and what they believe*, Chicago: University of Chicago Press.

Gregory, E. 2007. Before the Oeriginal Position: The Neo-Orthodox Theology of the Young John Rawls. *Journal of Religious Ethics,* 35(2), 179–206.

Grem, D. E. 2016. *The Blessings of Business: How Corporations Shaped Conservative Christianity*, New York: Oxford University Press.

Griffin, M. L. 2010. *Pastor, CEO*, Maitland, FL: Xulon Press.

Griffith, R. M. 2017. *Moral combat: How sex divided American Christians and fractured American politics*, New York: Basic Books.

Gunn, T. J. 2008. *Spiritual Weapons: The Cold War and the Forging of an American National Religion: The Cold War and the Forging of an American National Religion*, Westport, CT: Praeger.

Gushee, D. P. 2017. *Still Christian: Following Jesus Out of American Evangelicalism*, Louisville, KY: Westminster John Knox Press.

Haberski Jr, R. 2012. *God and war: American civil religion since 1945*, New Brunswick, NJ: Rutgers University Press.

Hahm, D. E. 2009. the Mixed Constitution in Greek thought. *A Companion to Greek and Roman Political Thought,* 32(178–198.

Hammond, S. R. 2017. *God's Businessmen: Entrepreneurial Evangelicals in Depression and War*, Chicago: University of Chicago Press.

Hankins, B. 2008. *Francis Schaeffer and the shaping of evangelical America*, Grand Rapids, MI: Wm. B. Eerdmans Publishing.

Hankins, B. 2010. *Jesus and Gin: Evangelicalism, the Roaring Twenties and today's culture wars*, New York: Palgrave Macmillan.

Hansen, M. H. 2006. *Polis: an introduction to the ancient Greek city-state*, Oxford; New York: Oxford University Press.

Harding, S. F. 2000. *The book of Jerry Falwell: fundamentalist language and politics*, Princeton, N. J.: Princeton University Press.

Hart, D. B. 2009. *Atheist delusions: The Christian revolution and its fashionable enemies*, New Haven: Yale University Press.

Hart, D. G. 1994. *Defending the faith: J. Gresham Machen and the crisis of conservative Protestantism in Modern America*, Baltimore: Johns Hopkins University Press.

Hart, D. G. 2016. *Damning Words*: Wm. B. Eerdmans Publishing.

Hartz, L. 1955. *The liberal tradition in America; an interpretation of American political thought since the Revolution*, [1st, New York: Harcourt, Brace.

Hatch, N. O. 1989. *The democratization of American Christianity*, New Haven, Conn.: Yale University Press.

Hedley, D. 2011. Enigmatic images of an invisible world: sacrifice, suffering and theodicy in Joseph de Maistre. *In:* Armenteros, C. &

Lebrun, R. A. (eds.) *Studies on Voltaire and the eighteenth century.* Oxxford: Voltaire Foundation.

Heilbrunn, J. 2009. *They knew they were right: the rise of the neocons,* New York: Anchor.

Hempton, D. 2005. *Methodism: empire of the spirit,* New Haven: Yale University Press.

Herzog, J. P. 2011. *The spiritual-industrial complex: America's religious battle against communism in the early Cold War,* Oxford; New York: Oxford University Press.

Hietala, T. R. 2003. *Manifest design: American exceptionalism and empire,* Ithaca, NY: Cornell University Press.

Hill, C. 1962. *Puritanism and revolution; studies in interpretation of the English revolution of the 17th century,* London,: Mercury Books.

Hill, C. 1975. *The world turned upside down: radical ideas during the English revolution,* Harmondsworth, Middlesex ; New York: Penguin Books.

Hochschild, A. R. 2016. *Strangers in their own land: Anger and mourning on the American right,* New York: The New Press.

Holifield, E. B. 2012. Clergy. *In:* Vickers, J. E. (ed.) *The Cambridge Handbook of American Methodism.* New York: Cambridge University Press.

Hollinger, D. A. 2013. *After cloven tongues of fire: Protestant liberalism in modern American history,* Princeton: Princeton University Press.

Hollinger, R. 1996. *The dark side of liberalism: elitism vs. democracy,* Westport, CT; London: Praeger.

Honohan, I. 2003. *Civic republicanism,* New York: Routledge.

Hooghe, M. & Dassonneville, R. 2018. Explaining the Trump vote: The effect of racist resentment and anti-immigrant sentiments. *PS: Political Science & Politics,* 51(3), 528–534.

Hopkins, C. H. 1982. *The rise of the social gospel in American Protestantism, 1865–1915,* New York: AMS Press.

Horsman, R. 1981. *Race and manifest destiny,* Cambridge: Harvard University Press.

Hout, M. & Fischer, C. S. 2002. Why more Americans have no religious preference: Politics and generations. *American Sociological Review,* 165–190.

Hout, M. & Fischer, C. S. 2014. Explaining Why More Americans Have No Religious Preference: Political Backlash and Generational Succession, 1987–2012. *Sociological Science,* 1(

Hout, M., Greeley, A. & Wilde, M. J. 2001. The demographic imperative in religious change in the United States. *American journal of Sociology,* 107(2), 468–500.

Hudnut-Beumler, J. & Silk, M. 2018. *The Future of Mainline Protestantism in America*, New York: Columbia University Press.

Immerwahr, D. 2019. *How to Hide an Empire: A Short History of the Greater United States*, New York: Farrar, Straus and Giroux.

Irons, C. F. 2009. *The Origins of Proslavery Christianity: White and Black Evangelicals in Colonial and Antebellum Virginia*, Chapel Hill: University of North Carolina Press.

Isakhan, B. 2012. The Complex and Contested History of Democracy. *In:* Benjamin Isakhan, S. S. (ed.) *The Edinburgh Companion to the History of Democracy.* Edinburgh: Edinburgh University Press.

Isham, T. G. 2017. *Contra Mundum: Joseph de Maistre and the Birth of Tradition*, Kettering, OH: Angelico Press.

Israel, J. 2010. *A revolution of the mind: Radical Enlightenment and the intellectual origins of modern democracy,* Princeton, N. J.: Princeton University Press.

Jacobson, G. C. 2017. The Triumph of polarized partisanship in 2016: Donald Trump's improbable victory. *Political Science Quarterly,* 132(1), 9–42.

Jacobson, M. F. 1999. *Whiteness of a different color*, Cambridge: Harvard University Press.

Jardina, A. 2019. *White identity politics*, Cambridge, New York: Cambridge University Press.

Johnson, A. P. 2013. *Eusebius*, London: I. B. Tauris.

Jones, R. P. 2016. *The end of white Christian America*, New York: Simon and Schuster.

Jones, R. P. 2020. ‚Flattening the Curve of Xenophobia' Sojourners. April 22, 2020. Verfügbar unter: https://sojo.net/articles/flattening-curve-xenophobia [Zugriff 22.4.2020].

Jowett, B. & Everson, S. 1996. *Aristotle: The Politics and the Constitution of Athens*: Cambridge University Press.

Judt, T. 2011. *Marxism and the French left: Studies on labour and politics in France, 1830–1981*, New York: NYU Press.

Kahn, P. W. 2011. *Political theology: four new chapters on the concept of sovereignty*, New York: Columbia University Press.

Kaufmann, E. 2019. *Whiteshift: Populism, Immigration and the Future of White Majorities*, New York: Abrams Press.

Kazin, M. 2007. *A godly hero: The life of William Jennings Bryan*, New York: Knopf.

Kemeny, P. C. 2018. *The New England Watch and Ward Society*, New York: Oxford University Press.

Kendi, I. X. 2017. *Stamped from the beginning: The definitive history of racist ideas in America*, New York: Random House.

Kersbergen, K. v. & Manow, P. 2009. *Religion, class coalitions, and welfare states*, New York; Cambrige, UK: Cambridge University Press.

Kidd, T. S. 2004. *The Protestant Interest: New England after Puritanism*, New Haven: Yale University Press.

Kidd, T. S. & Hankins, B. 2015. *Baptists in America: A History*, New York: Oxford University Press.

Kim, W. 2020. Coronavirus Reponse & Resources: Message From the President. https://www.nae.net/coronavirus-response-resources/ [Zugriff 28.4.2020].

Klett, L. M. 2020. Pastor Tim Keller on ‚God's message to the world‘ amid COVID-19, duty of the Church (pt. 1). The Christian Post. Retrieved from https://www.christianpost.com/news/pastor-tim-keller-on-gods-message-to-the-world-amid-covid-19-duty-of-the-church-pt-1.html [Zugriff 7.4.2020].

Koenigsberger, H. G. 1971a. *Estates and revolutions; essays in early modern European history*, Ithaca [N. Y.]: Cornell University Press.

Koenigsberger, H. G. 1971b. *Estates and revolutions: essays in early modern European history*: Cornell University Press Ithaca, NY.

Koenigsberger, H. G. 2001. *Monarchies, states generals and parliaments: the Netherlands in the fifteenth and sixteenth centuries*, Cambridge, U. K. ; New York: Cambridge University Press.

Koskela, D. M. 2013. Discipline and Polity. *In:* Vickers, J. E. (ed.) *The Cambridge Companion to American Methodism.* New York: Cambridge University Press.

Kruse, K. M. 2015. *One nation under god: How corporate America invented Christian America*, New York: Basic Books.

Labberton, M. 2018. *Still Evangelical?*, Downers Grove, IL: InterVarsity Press.

Land, R. 2020. Ask Dr. Land: How should Christians respond to the coronavirus pandemic. The Christian Post. Retrieved from https:// www.christianpost.com/news/ask-dr-land-how-should-christians-respond-to-the-coronavirus-pandemic.html [Zugriff 20.3.2020].

Larson, E. J. 1998. *Summer for the gods: The Scopes trial and America's continuing debate over science and religion*, Cambridge: Harvard University Press.

Lebrun, R. 1965. *Throne and Altar: The Political and Religious Thought of Joseph de Maistre*: University of Ottawa Press.

Lebrun, R. 2001. Joseph de Maistre and Edmund Burke: A Comparison". *In:* Lebrun, R. A. (ed.) *Joseph de Maistre's Life, Thought and Influence: Selected Studies.* Montreal, Kingston: McGill-Queen's University Press.

Leithart, P. J. 2010. *Defending Constantine: The twilight of an Empire and the Dawn of Christendom*, Downers Grove, IL: InterVarsity Press.

Lepore, J. 1999. *The name of war: King Philip's War and the origins of American identity*, 1st Vintage Books, New York: Vintage Books.

Lerche, C. O. 1948. Jefferson and the election of 1800: A case study in the political smear. *The William and Mary Quarterly: A Magazine of Early American History,* 467–491.

Levitsky, S. & Ziblatt, D. 2018. *How democracies die*, New York: Crown.

Lewis, S. 2003. *Babbitt*, Mineola, NY: Dover Publications.

Lichtman, A. J. 2008. *White Protestant nation: The rise of the American conservative movement*, New York: Atlantic Monthly Press.

Lienesch, M. 2007. *In the beginning: Fundamentalism, the Scopes trial, and the making of the antievolution movement*, Chapel Hill: University of North Carolina Press.

Lindsay, D. M. 2007. *Faith in the halls of power: How evangelicals joined the American elite*, Oxford; New York: Oxford University Press.

Lindsey, H. & Carlson, C. C. 1970. *The late great planet earth*, Grand Rapids, MI: Zondervan.

Linker, D. 2006. *The Theocons*, New York: Doubleday.

Lintott, A. 1999. *The constitution of the Roman Republic*, Oxford: Oxford University Press.

Lipow, A. 1991. *Authoritarian Socialism in America: Edward Bellamy and the Nationalist Movement*: Univ of California Press.

Liptak, A. 2014. Supreme Court Rejects Contraceptives Mandate for Some Corporations. *New York Times*, June 30, 2014.

Long Jr, J. E. 1990. The Editor, the Blue Nose and the Prostitute: HL Mencken's History of the" Hatrack" Censorship Case. JSTOR.

Long, K. T. 2002. Turning... Piety into Hard Cash: The Marketing of Nineteenth-century Revivalism. *In:* Noll, M. A. (ed.) *God and Mammon: Protestants, Money and the Market, 1790–1860.* New York: Oxford University Press.

Machiavelli, N., Mansfield, H. C. & Tarcov, N. 1996. *Discourses on Livy*, Chicago: University of Chicago Press.

MacLean, N. 2017. *Democracy in chains: The deep history of the radical right's stealth plan for America*, New York: Viking.

MacMullen, R. 1984. *Christianizing the Roman Empire (AD 100–400)*, New Haven: Yale University Press.

Mangum, R. T. & Sweetnam, M. S. 2009. *The Scofield Bible: Its history and impact on the evangelical church*, Downers Grove, IL: InterVarsity Press.

Margolis, M. F. 2019. Who Wants to Make America Great Again? Understanding Evangelical Support for Donald Trump. *Politics and Religion,* 1–30.

Maritain, J. 1947. The Person and the Common Good, trans. *John J. FitzGerald (New York: Charles Scribner's Sons, 1947).*

Maritain, J. 2012. *Christianity and Democracy, the Rights of Man and Natural Law*: Ignatius Press.

Marsden, G. M. 2006. *Fundamentalism and American culture*, 2nd, Oxford ; New York: Oxford University Press.

Mathews, S. 1897. *The Social Teaching of Jesus: An Essay in Christian Sociology*, New York: Macmillan.

Mathews, S. 1918. *Patriotism and Religion*, New York: Macmillan.

Mathews, S. 1924. *The Faith of Modernism*, New York: Macmillan.

Maxwell, A. & Shields, T. 2019. *The Long Southern Strategy: How Chasing White Voters in the South Changed American Politics*: Oxford University Press.

Mayer, J. 2016. *Dark money: The hidden history of the billionaires behind the rise of the radical right*, New York: Doubleday.

McGavran, D. A. 1990. *Understanding church growth*, Grand Rapids, MI: Wm. B. Eerdmans Publishing.

McGirr, L. 2002. *Suburban warriors: The origins of the new American right*, Princeton: Princeton University Press.

McLoughlin, W. G. 2013. *Revivals, awakening and reform*, Chicago: University of Chicago Press.

Meierhenrich, J. & Simons, O. 2016. *The Oxford Handbook of Carl Schmitt*, New York; Oxford: Oxford University Press.

Mencimer, S. 2020. ‚How Do You Get From the Trailer Park to a White House Job? Give Money to Trump's Spiritual Adviser' Mother Jones. February 17, 2020. Verfügbar unter: https://www.motherjones.com/politics/2020/02/paula-white-how-do-you-get-from-the-trailer-park-to-a-white-house-job-give-money-to-trumps-spiritual-adviser/ [Zugriff 28.4.2020].

Mencken, H. L. 1926. *Notes on democracy*, New York: Knopf.

Mencken, H. L. 1930. *Treatise on the Gods*, New York: Knopf.

Mencken, H. L. 2002. *HL Mencken on Religion*, Amherst, NY: Prometheus Books.

Mencken, H. L. 2006. *A religious orgy in Tennessee: a reporter's account of the Scopes monkey trial*, Brooklyn: Melville House.

Middlekauff, R. 1999. *The Mathers: Three Generations of Puritan Intellectuals, 1596–1728*. Univ. of California Press.

Millar, F. 2002. *The Roman Republic in political thought*: UPNE.

Miller, S. P. 2011. *Billy Graham and the Rise of the Republican South*, Philadelphia: University of Pennsylvania Press.

Moffitt, B. 2016. *The global rise of populism: Performance, political style, and representation*, Stanford: Stanford University Press.

Montgomery, P. 2018. Dominionists Head to Trump's DC Hotel to Bring ‚Heaven's Rule' To America. https://www.rightwingwatch.org/post/dominionists-head-to-trumps-dc-hotel-to-bring-heavens-rule-to-america/ [Zugriff 27.4.2020].

Moorhead, J. H. 1978. *American Apocalypse: Yankee Protestants and the Civil War, 1860–1869*, New Haven: Yale University Press.

Moorhead, J. H. 1984. The erosion of postmillennialism in American religious thought, 1865–1925. *Church History,* 53(1), 61–77.

Moorhead, J. H. 1999. *World without end: mainstream American Protestant visions of the last things, 1880–1925*, Bloomington, IN: Indiana University Press.

Moreton, B. 2009. *To Serve God and Wal-Mart*, Cambridge: Harvard University Press.

Moreton, B. E. 2007. The soul of neoliberalism. *Social Text,* 25(3 (92)), 103–123.

Morgan, S. L. & Lee, J. 2018. Trump voters and the white working class. *Sociological Science,* 5(234–245.

Mouw, R. J. 2011. *Abraham Kuyper: A short and personal introduction*: Wm. B. Eerdmans Publishing.

Moyn, S. 2015. *Christian human rights*, Philadelphia: University of Pennsylvania Press.

Mudde, C. & Kaltwasser, C. R. 2017. *Populism: A very short introduction*, New York; Oxford: Oxford University Press.

Müller, J.-W. 2016. *What is populism?*, Philadelphia: University of Pennsylvania Press.

Mulloy, C. A. 2014. Catholicism and Birth Control in American History: The Sanger-Ryan Debate. *In:* Schmiesing, K. (ed.) *Catholicism and Historical Narrative: A Catholic Engagement with Historical Scholarship.* Lanham, MD: Rowman & Littlefield.

Myers, A. 1975. The Parliaments of Europe and the Age of the Estates. *History,* 60(198), 11–27.

Newman, M. 2005. *Socialism: A very short introduction*, New York; Oxford: Oxford University Press.

Newman, W. M. & Halvorson, P. L. 2000. *Atlas of American religion: the denominational era, 1776–1990*, Walnut Creek: AltaMira Press.

Niebuhr, H. R. 1929. *The social sources of denominationalism*, New York: Henry Holt and Co.

Noll, M. A. 2002. *America's God: from Jonathan Edwards to Abraham Lincoln*, Oxford ; New York: Oxford University Press.

Nozick, R. 1974. *Anarchy, state, and utopia*: New York: Basic Books.

Nussbaum, M. C. 2000. *Women and human development: the capabilities approach*, New York: Cambridge University Press.

O'Brien, C. C. 1988. God land. *Reflections on Religion and Nationalism. Cambridge, Mass.: Harvard UP.*

Oakley, F. 1984. *Omnipotence, covenant & order: an excursion in the history of ideas from Abelard to Leibniz*, Ithaca, NY: Cornell University Press.

Oakley, F. 2003. *The conciliarist tradition: constitutionalism in the Catholic Church, 1300–1870*, New York; Oxford: Oxford University Press.

Oakley, F. 2010. *Empty bottles of gentilism*, New Haven: Yale University Press.

Ogle, N. 2020. Assemblies of God director off ventilator, family talks about his recovery from COVID-19. https://www.ky3.com/content/news/Assemblies-of-God-director-off-ventilator-family-talks-about-his-recovery-569954141.html [Zugriff 28.4.2020].

Okrent, D. 2019. *The Guarded Gate: Bigotry, Eugenics and the Law That Kept Two Generations of Jews, Italians, and Other European Immigrants Out of America*, New York: Scribner.

Onishi, B. 2019. The Rise of the #Exvangelical. *Religion & Politics* [Online]. [Zugriff 9.4.2019].

Parker, G. 2002. *The Dutch revolt*, Rev., London: Penguin.

Pateman, C. 1988. *The Sexual Contract*, Cambridge: Polity.

Payne, L., & Ramirez, E. 2018. The Christian sect that has always cheered on Donald Trump. The WashingtonPost. Retrieved from https://www.washingtonpost.com [Zugriff 21.3.2020].

Pendergrass, D. 2017. The Televangelist-in-Chief: Trump and the Prosperity Gospel. *Harvard Political Review* [Online].

Perlstein, R. 2010. *Nixonland: The rise of a president and the fracturing of America*, New York: Simon and Schuster.

Perlstein, R. 2015. *The invisible bridge: The fall of Nixon and the rise of Reagan*, New York: Simon and Schuster.

Perry, S. L. & Whitehead, A. L. 2015. Christian nationalism and white racial boundaries: Examining whites' opposition to interracial marriage. *Ethnic and Racial Studies,* 38(10), 1671–1689.

Pettit, P. 1997. *Republicanism: a theory of freedom and government,* Oxford

New York: Clarendon Press ;

Oxford University Press.

Pew. 2010. Jesus Christ's Return to Earth. *Factank* [Online]. 2019].

Pew. 2011. Global Survey of Evangelical Protestant Leaders. *Religion and Public Life* [Online]. [Zugriff 22.6.2011].

Pew. 2019. In U. S., Decline of Christianity Continues at Rapid Pace. *Religion and Public Life* [Online]. [Zugriff 17.10.2019].

Pham, V. N. 2015. Our foreign president Barack Obama: The racial logics of birther discourses. *Journal of International and Intercultural Communication,* 8(2), 86–107.

Phillips-Fein, K. 2010. *Invisible Hands: The Businessmen's Crusade Against the New Deal,* New York: WW Norton & Company.

Pitkin, H. F. 1967. *The concept of representation,* Berkeley; Los Angeles: University of California Press.

Pocock, J. G. A. 1957. *The ancient constitution and the feudal law: a study of the English historical thought in the seventeenth century,* Cambridge [Cambridgeshire]: University Press.

Pocock, J. G. A. 1975. *The Machiavellian moment: Florentine political thought and the Atlantic republican tradition,* [Princeton, N. J.]: Princeton University Press.

PRRI 2020. President Trump's Favorability Recedes from March's Peak. Public Religion Research Institution. https://www.prri.org/research/president-trumps-favorability-ratings-recede-from-marchs-peak/ [Zugriff 7.5.2020].

Putnam, R. D., Campbell, D. E. & Garrett, S. R. 2010. *American grace: how religion divides and unites us,* 1st Simon & Schuster hardcover, New York: Simon & Schuster.

Qiu, L. 2017. Study Pershing, Trump Said. But the Story Doesn't Add Up. *New York Times,* August 17, 2017.

Radkau, J. 2009. *Max Weber: a biography,* Cambridge, UK; Malden, MA: Polity.

Rauschenbusch, W. 1908. *Christianity and the social crisis*, New York: Macmillan.

Robbins, T. & Palmer, S. J. 2013. *Millennium, messiahs, and mayhem: contemporary apocalyptic movements*, New York: Routledge.

Rodgers, M. E. 2005. *Mencken: The American Iconoclast*: Oxford University Press.

Roediger, D. R. 1991. *The wages of whiteness: race and the making of the American working class*, London ; New York: Verso.

Roof, W. C. 2001. *Spiritual marketplace: Baby boomers and the remaking of American religion*, Princeton: Princeton University Press.

Roof, W. C. & McKinney, W. 1987. *American mainline religion: its changing shape and future*, New Brunswick, [N. J.]: Rutgers University Press.

Rosen, C. 2004. *Preaching eugenics: Religious leaders and the American eugenics movement*, Oxford: Oxford University Press.

Rousseau, J.-J. & Gourevitch, V. 1997. *The social contract and other later political writings*, Cambridge [England] ; New York, NY, USA: Cambridge University Press.

Rueschemeyer, D., Stephens, E. H. & Stephens, J. D. 1992. *Capitalist development and democracy*: Cambridge Polity.

Ruotsila, M. 2007. *The origins of Christian anti-internationalism: conservative evangelicals and the League of Nations*, Washington, D. C.: Georgetown University Press.

Sahlins, P. 1989. *Boundaries: the making of France and Spain in the Pyrenees*, Berkeley: University of California Press.

Sandeen, E. R. 2008. *The roots of fundamentalism: British and American millenarianism, 1800–1930*, Chicago: University of Chicago Press.

Sanger, M. 1922. *The pivot of civilization*, New York: Brentano's.

Saxton, A. 1990. *The rise and fall of the white republic: class politics and mass culture in nineteenth century America*, London ; New York ;: Verso.

Scaff, L. A. 2011. *Max Weber in America*: Princeton University Press.

Schaeffer, F. A. & Koop, C. E. 1983. *Whatever happened to the human race?*, Wheaton, IL: Crossway.

Schmitt, C. 2003. The nomos of the earth. *Trans. GL Ulmen. New York: Telos Press*, 2(3), pp.

Schmitt, C. 2005. *Political theology: Four chapters on the concept of sovereignty*: University of Chicago Press.

Schmitt, C. 2008. *The concept of the political: Expanded edition*: University of Chicago Press.

Schrag, P. 2011. *Not fit for our society: Immigration and nativism in America*, Berkeley; Los Angeles: University of California Press.

Schwadel, P. & Smith, G. A. 2019. Evangelical Support of Trump remains high. *Factank* [Online].

Schwartz, M. 2019. ,How the Trump Cabinet's Bible Teacher Became a Shadiw Diplomat' The New York Times Magazine. October 29, 2019. Verfügbar unter: https://www.nytimes.com/2019/10/29/magazine/ralph-drollinger-white-house-evangelical.htmlf [Zugriff 27.4.2020].

Scribner, B. & Benecke, G. 1979. *The German Peasants' War*, London, Boston: Allen & Unwin.

Self, R. O. 2012. *All in the family: The realignment of American democracy since the 1960s*, New York: Hill and Wang.

Shellnutt, K. 2017. Americans Warm Up to Every Religious Group Except Evangelicals. *Christianity Today*. Wheaton, IL.

Sherwood, H. 2018. The Chosen One? The New Film that Claims Trump Electinon Was an Act of Go. *The Guardian*, October 3, 2018.

Showalter, E. 2016. *The Civil Wars of Julia Ward Howe: A Biography*, New York: Simon and Schuster.

Skinner, Q. 1978. *The foundations of modern political thought*, Cambridge ; New York: Cambridge University Press.

Skinner, Q. 1981. *Machiavelli*, 1st American, New York: Hill and Wang.

Skinner, Q. 1998. *Liberty before liberalism*, Cambridge ; New York: Cambridge University Press.

Skinner, Q. 2008. *Hobbes and republican liberty*, Cambridge: Cambridge University Press.

Smith, A. D. 2004. *Chosen Peoples: Sacred Sources of National Identity*, New York: Oxford University Press.

Smith, C. & Emerson, M. 1998. *American evangelicalism: embattled and thriving*, Chicago, Ill. ; London: University of Chicago Press.

Smith, C. & Sikkink, D. 2003. Social predictors of retention in and switching from the religious faith of family of origin: Another look using religious tradition self-identification. *Review of Religious Research,* 188–206.

Snell, D. C. 2010. *Religions of the ancient Near East*: Cambridge University Press.

Solomon, B. 2012. Meet David Green: Hobby Lobby's Biblical Billionaire. *Forbes.*

Spector, S. 2009. *Evangelicals and Israel: The Story of American Christian Zionism*, New York: Oxford University Press.

Stannard, D. E. 1993. *American holocaust: The conquest of the new world.* Oxford University Press.

Stark, R. 1999. Secularization, rip. *Sociology of religion,* 60(3), 249–273.

Stark, R. & Iannaccone, L. R. 1994. A Supply-Side Reinterpretation of the so-called Secularization of Europe. *Journal for the Scientific Study of Religion,* 33(3), 230–252.

Stevens, J. W. 2010. *God-Fearing and Free*, Cambridge: Harvard University Press.

Stewart, K. 2018. Why Trump Reigns as King Cyrus. *New York Times,* December 31, 2018.

Stewart, K. 2020. *The Power Worshipers: Inside the Dangerous Rise of Religious Nationalism.* New York: Bloomsbury.

Stineback, D. C. 1978. White Nationalism and Native Cultures. *American Indian Culture and Research Journal,* 2(2), 9–13.

Stout, H. S. 2011. *The New England soul: Preaching and religious culture in colonial New England*, New York; Oxford: Oxford University Press.

Sutton, M. A. 2014. *American Apocalypse*, Cambridge: Harvard University Press.

Swartz, D. R. 2012. *Moral minority: The evangelical left in an age of conservatism*, Philadelphia: University of Pennsylvania Press.

Tackett, M. 2019. Trump Fulfills His Promisres on Abortion, and to Evangelicals. *New York Times,* May 16, 2019.

Tackett, T. 2014. *Religion, revolution, and regional culture in eighteenth-century France: the ecclesiastical oath of 1791*, Princeton: Princeton University Press.

Takaki, R. 2012. *Strangers from a different shore: A history of Asian Americans (updated and revised)*: eBookIt. com.

Teachout, T. 2002. *The skeptic: A life of HL Mencken*, New York: HarperCollins.

Thomas, J. L. 1983. *Alternative America: Henry George, Edward Bellamy, Henry Demarest Lloyd, and the Adversary Tradition*, Cambridge: Belknap Press.

Thumma, S. & Bird, W. 2015. Recent Shifts in America's Largest Protestant Churches: Megachurches 2015 Report. *Vol. Hartford Institute for Religion Research*.

Thumma, S. & Travis, D. 2007. *Beyond megachurch myths: What we can learn from America's largest churches*: John Wiley & Sons.

Tierney, B. 2001. *The idea of natural rights: studies on natural rights, natural law, and church law, 1150–1625*, Grand Rapids, MI: Wm. B. Eerdmans Publishing.

Tocqueville, A. 2003. *Democracy in America*, New York: Penguin.

Tocqueville, A. d. & Mayer, J. P. 1988. *Democracy in America*, 1st Perennial library, New York: HarperPerennial.

Tuveson, E. L. 1968. *Redeemer nation; the idea of America's millennial role*, Chicago,: University of Chicago Press.

Ullmann, W. 1962. *The growth of papal government in the middle ages*, London: Methuen.

Ullmann, W. 2003. *A short history of the papacy in the Middle Ages*, London, New York: Routledge.

Union, C. P. 1914. „*Restolutions Passed by the Church Peace Union, at its First Meeting, February 10th, 1914*" [Online]. Carnegie Council for Ethics in International Affairs. Verfügbar: https://www.carnegiecouncil.org/about/history/church_peace_union 2019].

Vaïsse, J. 2010. *Neoconservatism: The biography of a movement*, Cambridge: Harvard University Press.

Van Gelderen, M. & Skinner, Q. 2005. *Republicanism: Volume 1, republicanism and constitutionalism in early modern Europe: A shared European heritage*: Cambridge University Press.

Van Kersbergen, K. 2003. *Social capitalism: A study of Christian democracy and the welfare state*, London; New York: Routledge.

Vaughan, J. D. 2009. *The rise and fall of the Christian Coalition: The inside story*, Eugene, OR: Wipf and Stock Publishers.

Veen, D. V. 2020. Abundance of Free Resources Available on AG CO-

VID-19 Site. https://news.ag.org/News/Abundance-of-Free-Re-sources-Available-on-AG-COVID-19-Site [Zugriff 27.4.2020].

Vieira, M. B. & Runciman, D. 2008. *Representation*, Cambridge: Polity.

Voas, D., Crockett, A. & Olson, D. V. 2002. Religious pluralism and participation: Why previous research is wrong. *American Sociological Review*, 212–230.

Wacker, G. 2009. *Heaven below: early Pentecostals and American culture*, Cambridge: Harvard University Press.

Walzer, M. 1985. *Exodus and revolution*, New York: Basic Books.

Walzer, M. 2012. *In God's Shadow: Politics in the Hebrew Bible*, New Haven: Yale University Press.

Weaver, J. 2016. *The New Apostolic Reformation*. Jefferson, NC: McFarland & Company.

Weber, M., Baehr, P. R. & Wells, G. C. 2002. *The Protestant ethic and the „spirit" of capitalism and other writings*, New York: Penguin Books.

Wetzel, J. 2012. *Augustine's City of God*, New York: Cambridge University Press.

Whitehead, A. L. & Perry, S. L. 2020. *Taking America Back for God: Christian Nationalism in the United States*, New York: Oxford University Press.

Whitehead, A. L., Perry, S. L. & Baker, J. O. 2018a. Make America Christian again: Christian nationalism and voting for Donald Trump in the 2016 presidential election. *Sociology of Religion*, 79(2), 147–171.

Whitehead, A. L., Schnabel, L. & Perry, S. L. 2018b. Gun control in the crosshairs: Christian nationalism and opposition to stricter gun laws. *Socius*, 4(2378023118790189.

Whitehead, A. L., & Perry, S. L. 2020. *Taking America Back for God: Christian Nationalism in the United States*. New York: Oxford University Press.

Whitford, D. M. 2003. Luther's political encounters. *The Cambridge Companion to Martin Luther*, 179–191.

Wilde, M. J. 2019. *Birth Control Battles: How Race and Class Divided American Religion*, Berkeley: University of California Press.

Wilford, J. 2012. *Sacred subdivisions: The postsuburban transformation of American evangelicalism*, New York: NYU Press.

Wilkinson, B. 2010. *The prayer of Jabez: Breaking through to the blessed life*, n.p.: Multnomah.

Williams, D. K. 2012. *God's Own Party: the making of the Christian right*, Oxford; New York: Oxford University Press.

Williams, D. K. 2015. *Defenders of the unborn: The Pro-life Movement before Roe v. Wade*, New York: Oxford University Press.

Williamson, G. A. & Louth, A. 1989. *Eusebius: The history of the church from Christ to Constantine*, New York: Penguin Books.

Wojcik, D. 1997. *The end of the world as we know it: Faith, fatalism, and apocalypse in America*, New York: NYU Press.

Wong, J. S. 2018. *Immigrants, Evangelicals, and politics in an era of demographic change*, New York: Russell Sage Foundation.

Wood, G. S. & Institute of Early American History and Culture (Williamsburg Va.) 1969. *The creation of the American Republic, 1776–1787*, Chapel Hill,: Published for the Institute of Early American History and Culture at Williamsburg, Va.

wpengine. 2009. Believers in the Business World: The Green Family. *Everyday Christian* [Online]. Verfügbar unter: http://www.everydaychristian.com/blogs/post/believers_in_the_business_world_the_green_family/ [Zugriff 5.9.2009].

Wright, C. 1984. The growth of denominational bureaucracies: a neglected aspect of American church history. *Harvard theological review*, 77(2), 177–194.

Wright, N. T. 2020. ‚Christianity Offers No Answers About the Coronavirus. It's Not Supposed To' Time. March 29, 2020. Verfügbar unter: https://time.com/5808495/coronavirus-christianity/ [Zugriff 22.4.2020].

Yellin, E. S. 2013. *Racism in the Nation's Service: Government Workers and the Color Line in Woodrow Wilson's America*, Chapel Hill: University of North Carolina Press.

Zerofsky, E. 2020. ‚How Viktor Orbán Used the Coronavirus to Seize More Power' The New Yorker. April 9, 2020. Verfügbar unter: https://www. newyorker.com/news/letter-from-europe/how-viktor-orban-used-the-coronavirus-to-seize-more-power [Zugriff 29.4.2020].